UN CURÉ QUI DÉTONNE

PATRICK JACQUIN

UN CURÉ QUI DÉTONNE

Entretiens avec Jacques Perrier

Préface de
Mgr Michel Dubost

LES ÉDITIONS DU CERF

www.editionsducerf.fr
24, rue des Tanneries
75013 Paris

ISBN 978-2-204-13339-5

Préface

Ce livre est une biographie de prêtre. Simple. Étonnante. Riche.

Simple parce qu'elle est écrite comme un échange entre deux amis. Ces deux amis – le questionneur est un évêque – ont été des acteurs de premier plan de l'histoire de l'Église en France à la fin du XXe siècle et au début du nôtre.

Étonnante, parce qu'elle fait prendre conscience des évolutions qui ont marqué cette Église depuis cinquante ans : ainsi le modèle de prêtre qu'esquisse cette biographie du père Jacquin n'existe plus. Pendant très longtemps, dans notre Église, des prêtres ont donné une grande partie de leur vie au service des jeunes ; ils y ont pris des responsabilités importantes et ont été capables d'inventer des pastorales adaptées à leur temps…

Riche, enfin, parce que le père Jacquin a été au cœur d'un bouillonnement d'idées et d'innovations qui ont marqué l'Église de France.

J'ai eu cependant quelques regrets en lisant ce livre.

Il est évident que les deux auteurs ne pouvaient pas trop insister sur leurs qualités… ni leurs défauts. Tout le livre est emprunt d'une rondeur, d'une délicatesse qui passent sous silence les « coups de gueule » et les « coups de sang » du père Jacquin. Il y a chez lui une passion dont il faut bien que je rende compte ici parce qu'elle est presque absente du livre. Le père Jacquin est un passionné de Dieu et un fidèle parmi les fidèles de l'Église.

Mon deuxième regret tient au quasi silence du livre sur un événement qui a été important pour l'Église, je veux dire la rencontre de Jean Paul II avec les jeunes au Parc des Princes. Le principal artisan de cette rencontre fut Mgr Perrier. Sans cette rencontre (et celle du pape avec les jeunes Marocains à Casablanca), les JMJ n'auraient pas existé.

Mon troisième regret est le silence sur Lourdes. Les auteurs du livre ont transformé Lourdes dans une grande fidélité au message des apparitions en mettant ce message à la portée de l'homme moderne. On pourrait dire la même chose sur Notre-Dame de Paris dont l'un et l'autre ont été les recteurs.

Mais ce n'était pas le but du livre : en réalité ce livre est centré sur les Journées mondiales de la jeunesse de Paris dont le père Jacquin a été l'un des inspirateurs et un des acteurs. Il donne ici un témoignage irremplaçable. Et forcément situé. En le lisant, j'ai eu souvent envie d'intervenir : tel épisode que j'avais vécu, voire organisé, ne m'a pas laissé exactement le même souvenir. Mais, de fait, lors de nos innombrables réunions de préparation avec le père Paul Destable – l'autre président des JMJ de Paris –, le général Mutz – organisateur d'une humilité et d'une efficacité extraordinaire –, Gilles Drouin – secrétaire général de l'événement –, et tant d'autres, le père Jacquin a été un grand pourvoyeur d'idées.

Ce livre simple, étonnant, riche pose en creux la question de la pastorale de la jeunesse. Alors que se profile un synode sur les jeunes, il fera réfléchir.

J'ai déjà dit qu'à l'heure actuelle le monde qui fabrique des pères Jacquin est cassé... Et le livre nous pose la question des acteurs de cette pastorale. Il pose aussi la question du contenu.

Certes, la jeunesse se diversifie et change… mais que lui apporte l'Église pour qu'elle trouve le Christ ?

L'intuition des JMJ me semble éminemment moderne : il s'agit d'évangéliser les jeunes dans une société en voie de mondialisation. Les temps d'aujourd'hui sont un peu différents de ce qu'ils étaient dans les années quatre-vingt… Bien des jeunes aujourd'hui peuvent être tentés par un recroquevillement sur leur milieu, même si la majorité aspire à l'ouverture. Il n'en reste pas moins que l'on ne peut pas être chrétien aujourd'hui sans être un homme ou une femme de relation. Il est impossible d'être soi-même enfermé dans son milieu.

Les JMJ apprennent à contempler le Dieu des chrétiens, un Dieu de relation. Dans leur pratique, elles apprennent aux jeunes à être conscients et fiers de leurs origines (les drapeaux en sont le signe), tout en rentrant en contact avec l'autre, dans un climat de joie.

Le pape est le signe de cette Église au cœur des différences. Jean Paul II aurait voulu que les JMJ aident les jeunes chrétiens à suivre et à connaître les grandes étapes de l'évangélisation du monde. Dans les années soixante-dix, avec le père Lalanne, nous organisions des rassemblements de jeunes à l'étranger, nous faisions en sorte qu'ils puissent loger dans des familles afin que les rencontres puissent être profondes. Cette habitude s'est transmise aux JMJ et contribue à cette mise en relation… qui me semble de plus en plus nécessaire.

Le livre ouvre le débat sur ce qu'il faut faire aujourd'hui. Il le fait de manière originale. C'est peu dire qu'il est le fruit d'une amitié pastorale. Et au fond, seule l'amitié sait inviter à être des hommes et des femmes en relation.

MGR MICHEL DUBOST
Évêque émérite d'Évry-Corbeil-Essonnes

P. S. : Lorsque j'ai écrit ces lignes, je n'en connaissais pas les annexes et surtout je ne me doutais pas qu'il serait comme le testament d'un frère qui trônait encore, il y a quelques jours, dans son fauteuil en fumant sa cigarette et qui, par sa présence, donnait sens au mot amitié.

Avant-propos

J'ai souhaité faire ce livre pour que l'on n'oublie pas complètement les années 1980-2000. L'Église a sans cesse besoin de se réformer, en tout cas de se réveiller. Si j'évoque dans le livre des années qui commencent à s'éloigner, ce n'est pas par nostalgie, mais pour encourager les pasteurs d'aujourd'hui : pas plus aujourd'hui qu'hier, nous ne sommes condamnés à disparaître. Mais il faut retrouver l'élan et le goût du risque, qui, je crois, m'animaient quand je suis arrivé comme prêtre au service des jeunes.

Il faut se remettre à l'écoute des besoins et des possibilités des jeunes d'aujourd'hui. Il ne s'agit pas de jouer les générations les unes contre les autres, ni de rester bouche bée quand des jeunes parlent : ils peuvent, eux aussi, répéter des slogans. Mais, comme dit le pape François, il faut savoir accueillir, accompagner, discerner, intégrer. Exemple : les groupes de rock chrétien. On ne suit pas assez ce phénomène : il peut dériver, mais, inversement, il est porteur, car il est très démultiplié. Quelques groupes sont connus, mais il en existe beaucoup d'autres.

À Montmartre, où je suis maintenant, je vois des choses intéressantes pour les jeunes : les « laveurs de pieds », les maraudes. Certainement, bien d'autres choses, un peu partout : on n'en parle pas, non seulement à l'extérieur, mais même dans l'Église. Dommage !

En janvier 2019 auront lieu les JMJ de Panama. Un an à l'avance, 11 000 jeunes Français sont inscrits. La pastorale des jeunes n'est pas morte !

Enfance et jeunesse

Commençons par le commencement : date et lieu de naissance.

Je suis né le 3 juin 1950 à Châteauroux, au centre de la France. J'ai été baptisé à Saint-Christophe, patron des voyageurs. J'ai eu un frère, né, lui aussi, à Saint-Christophe. Mon père travaillait au Crédit Agricole, après avoir fait l'École d'agriculture de Rennes. Ensuite, nous sommes allés vivre à Tours, puis à La Roche-sur-Yon, où mes deux sœurs sont nées. Nous avons passé un an à Angoulême.

Quand j'étais en Vendée, je suis allé dans l'enseignement catholique, au collège Richelieu, tenu par les prêtres diocésains. J'ai eu Philippe de Villiers comme condisciple : on s'est revus depuis, mais on ne s'est pas très bien entendus. À Angoulême, j'ai fréquenté le collège Saint-Paul, le collège de toute la famille Mitterrand. Après Angoulême, mon père a été nommé responsable de l'agence régionale Ugine Kuhlmann de Pontivy, dans le Morbihan. C'est à Pontivy qu'est née ma dernière sœur, si bien que nous sommes cinq. À Pontivy, nous sommes restés six ans.

On peut dire que vous avez circulé !

Ce n'est pas fini. En 1965, mon père a été nommé à Nantes. Après un an dans un collège catholique, l'Eden (Externat des enfants nantais), j'ai manifesté mon désir de devenir prêtre. Je suis donc allé au petit séminaire des Couëts, pour les trois dernières années du secondaire.

Quelle était l'atmosphère religieuse dans ta famille ?

Mon père et ma mère se sont mariés en 1949. Ils étaient, tous les deux, de familles très catholiques et très pratiquantes. Maman, la deuxième d'une famille de dix enfants, et mon père, le second d'une famille de quatre enfants. Mon père, de Bois-Colombes et Maman, de Dordogne. Nous avons été élevés dans cette ambiance catholique, « catholiques et français toujours », bercés par les souvenirs de la guerre entre la Résistance et l'Occupation. Mon grand-père maternel avait fait ses valises pour aller rejoindre de Gaulle à Londres. Au dernier moment, on lui a fait comprendre que c'était mieux de rester là pour garder la maison. Il a été désigné comme maire par Vichy. À la Libération, cela lui a été reproché. Il est resté, pendant un an, plus ou moins caché dans le grenier du chai. Mes deux grands-pères s'étaient connus pendant la guerre de 14-18.

En Vendée, quand j'avais six ou sept ans, mon père était chef de district « Scouts de France ». Il était aussi très engagé dans la « Vendéenne », une œuvre sociale créée autour d'une équipe de basket.

Il avait été scout quand il était jeune ?

Il a été routier. Il avait aussi été grand clerc à Notre-Dame, comme son frère.

Clin d'œil de l'histoire, puisque tu as été recteur archiprêtre de Notre-Dame !

Il était allé en pèlerinage à Chartres. Il avait aussi participé aux grands rassemblements scouts, à Jambville.

Autre clin d'œil de l'histoire, puisque tu as été, plusieurs fois, responsable du Frat de Jambville !

Quand il allait à Paris, au siège de sa société, il remplissait sa voiture de religieuses qui, elles aussi, avaient besoin d'aller à Paris. Elles se signaient, chaque fois qu'elles voyaient une croix. Et, en Vendée, et même ailleurs, elles ne manquent pas. Mon père disait qu'il en était fatigué.

En plus, comme la famille Jacquin, plus lointainement, est originaire d'Eure-et-Loir, de Saint-Hilaire de Mainvilliers pour être précis, au moins depuis 1580, tous les petits-enfants Jacquin, à leur naissance, sont consacrés à Notre-Dame de Chartres.

Encore un autre clin d'œil de l'histoire, puisque tu as dirigé plusieurs pèlerinages étudiants à Chartres ! Dans ta jeunesse, tu n'as jamais appartenu à un mouvement ?

Si, bien sûr. J'ai été scout. Mon père étant chef de district, je suis entré chez les louveteaux à six ans, au lieu de sept. Après les louveteaux, j'ai été scout. Mon aumônier s'appelait l'abbé Le Strat. Il avait entrepris la construction d'une « base », autrement dit d'un local, en annexe du stade de Toulboubou. Dans ces années-là, vers 1963, notre aumônier était en soutane, et à moto. Pour construire la base, il fallait faire du béton, le matériau moderne de l'époque. Le jour où nous avons vu notre aumônier enlever sa soutane et mettre un bleu de maçon, une salopette, une « tenue de singe » comme on disait à l'époque, on était très content de voir que notre aumônier était un vrai bonhomme. Aujourd'hui, de jeunes prêtres remettent la soutane : comme quoi, on voit plusieurs choses dans une vie ! Ensuite, j'ai fait de la JIC.

Traduction !

Jeunesse indépendante chrétienne, à côté de la JOC pour les jeunes de milieu ouvrier, et la JAC, devenue MRJC, dans le monde agricole. J'y suis resté très longtemps, jusque dans les années 1990. Elle m'a beaucoup apporté par les réflexions, l'attention à la vie, les actions, les retraites.

Quand as-tu commencé à penser devenir prêtre ?

En 1964, j'étais en fin de quatrième, à Pontivy. J'avais un bon copain de chahut, Jean-Pierre. Nous avons été internes, ensemble, quelques mois : idéal pour se faire des copains et pour chahuter ! Au mois de mai, on s'est demandé l'un à l'autre ce qu'on ferait l'année suivante. Moi-même, je savais que j'allais partir à Nantes, puisque mon père y était nommé. Jean-Pierre, lui, me dit : j'entre au petit séminaire de Sainte-Anne d'Auray. Grande surprise de ma part ! En fait, plus tard, dans le civil, il a très mal tourné.

Si tu en parles, c'est que la phrase de ton copain a eu un rôle dans ta vocation.

Effectivement, à partir de ce moment, je me suis mis à tenir un carnet, avec deux colonnes : oui et non. Je le complétais chaque jour. Il y avait autant de oui que de non. À l'époque, dans des régions comme la Bretagne, il passait des prêtres dans les collèges catholiques pour parler des séminaires : on les appelait les « recruteurs », ou, plus vulgairement, les « reproducteurs ». À l'externat, j'avais un bon aumônier, l'abbé Leconte. C'est lui que je suis allé voir en premier. Il a été de bon conseil. Mais un événement a précipité les choses.

Avec tous ces déménagements, je n'avais pas très bien travaillé. Il fallait soit que je redouble, soit que je m'oriente, d'après les tests que j'avais subis, vers le commercial. À l'époque, je ne me voyais pas entamer des études commerciales si c'était, finalement, pour entrer au séminaire.

Jusque-là, tu n'en avais pas parlé à tes parents ?

Non, mais, désormais, il fallait bien. Les week-ends, nous partions souvent à Quiberon. J'ai profité d'un trajet en voiture. À un moment, mon père s'est un peu énervé. Il n'était pas content de mes résultats et il se demandait ce que j'allais devenir. « On peut t'aider, mais encore faut-il savoir ce que tu veux. » Alors, je me suis lancé et j'ai dit que je voulais devenir prêtre. Maman a commenté tout de suite : « Je m'en doutais. » Et mon père : « S'il y a un domaine où je ne peux pas t'aider, c'est bien celui-là. » Mes frères et sœurs ont pensé que j'avais trouvé une voie de garage magnifique.

Où était le petit séminaire ?

Le petit séminaire, plus précisément le « séminaire des jeunes », s'appelait Notre-Dame des

Couëts. Il devait y avoir un rendez-vous entre le supérieur, mes parents et moi. Mon père, juste à ce moment-là, a eu un infarctus. Le rendez-vous n'a pas eu lieu, et quand je suis arrivé au petit séminaire, à la rentrée, le supérieur connaissait à peine mon nom.

Tu t'es trouvé bien au séminaire de jeunes ?

Dans le diocèse de Nantes, il y avait deux petits séminaires pour les élèves de la sixième à la troisième : un dans le Sud, pour la Vendée, entendez la Vendée militaire ; un autre dans le Nord, à Guérande. Les élèves de l'un et de l'autre se retrouvaient, en seconde, aux Couëts. Moi-même et un autre, nous n'étions ni de l'un ni de l'autre. Mon père était directeur commercial de la société Pechiney Ugine Kuhlmann pour la région Ouest. Il roulait en DS 21 Pallas, gris métallisé, alors que les parents des autres roulaient en 2 CV, si ce n'est en tracteur. J'avais un Solex, pendant que les autres avaient un vélo. En plus, comme j'étais déjà assez grand et assez costaud, les gamins me prenaient pour un pion.

Donc, tu ne gardes pas de très bons souvenirs des Couëts ?

Si, car grâce à ma capacité à organiser des chahuts, j'ai vite été accepté.

Au fond, il y a une constante entre les Couëts et les JMJ ?

Pour les JMJ de Paris, le général Morillon, quand il trouvait que j'en demandais trop, me disait que je n'étais pas chargé de « mettre le b… » Je lui répondais : « Mon général, je ne suis pas chargé de le mettre, mais de l'organiser. »

Tu étais bon élève ?

Pas tellement. J'ai redoublé ma seconde et ma terminale. Je faisais trop de bêtises. Je crois que je n'en ai jamais fait autant de toute ma vie. Mais j'étais délégué de classe.

Qu'est-ce que tu aimais ?

Le français et la philo. Mais pas du tout les maths et la physique-chimie. À cause de moi, le laboratoire a failli exploser à plusieurs reprises…

À cette époque-là, quels sont les prêtres qui t'ont marqué ?

J'ai déjà parlé de l'aumônier scout. À Nantes, mes parents habitaient sur la paroisse Saint-Clair, avec un vicaire très sympathique, Marc Boutin, qui faisait un peu de JIC. C'était un type formidable. Il aurait dû être évêque. Il ne l'a pas été. Avec lui, on relisait l'Écriture. La JIC complétait l'expérience des scouts.

Mais tu étais au petit séminaire ?

La première année où nous habitions Nantes, j'étais externe.

Et les prêtres du séminaire des Couëts ?

Ils m'ont donné l'exemple d'un corps professoral de prêtres diocésains, très cultivés, au fait de l'actualité. Ils lisaient Jean Sulivan, un Breton, prêtre et romancier.

Le supérieur, l'abbé Henri Loiseau, était excellent et a joué un grand rôle dans mon orientation. Il cherchait à faire vivre l'autodiscipline, dans les années 1965-1967. En première et en terminale, il n'y avait plus de pions, mais nous disposions d'un foyer où on avait le droit de fumer.

Pour la cigarette, c'est peut-être un droit dont tu n'as pas manqué d'user et d'abuser largement depuis. Mais continuons.

Le Supérieur avait aussi installé une télévision sur grand écran, grâce à un système mis au point par le professeur de physique : nous votions pour deux émissions par semaine. C'était, d'habitude, le palmarès des chansons avec Guy Lux et un match de foot ou de rugby. En terminale, chacun avait sa chambre, et une pièce était disponible pour travailler ensemble. J'ai redoublé ma terminale : on ne peut pas tout faire, travailler et chahuter. À la fin, je tutoyais le supérieur : nous étions vraiment amis. Avec plusieurs voitures, le supérieur nous emmenait à Saint-Gilles-Croix-de-Vie, où il avait sa maison de famille. C'était un moment très décontracté : pique-nique, baignade.

Il a aussi modifié l'organisation de la semaine. Au départ, nous ne partions chez nous que le dimanche après la messe, et il fallait être rentré pour les vêpres. La messe du dimanche matin est passée au samedi soir. L'année d'après, il rendait les vêpres facultatives : elles ont disparu.

Les années du petit séminaire sont aussi celles du concile Vatican II.

Je ne garde pas de mauvais souvenirs des messes avant le concile. Simplement, je me rappelle qu'il fallait constamment faire attention aux rubriques : surtout, ne rien oublier. Quand est arrivée la réforme liturgique, je me souviens du jour où tous les prêtres de la communauté, pour la messe, se sont retournés vers nous pour la concélébration. Au début, ils n'étaient pas très à l'aise. Avec du scotch, ils avaient marqué leurs places sur le sol. Ils étaient un peu en avance, car ils avaient mission de tester la nouvelle manière de faire, *ad experimentum.*

Que ce soit pour la liturgie ou pour d'autres aspects, comment ta famille réagissait-elle au concile

Vatican II ? Toi-même, est-ce que tu gardes un souvenir de « l'avant-concile » ?

La paroisse Saint-Clair était une paroisse bourgeoise, assez modérée. Mais, certaines fois, les sermons des vicaires ont suscité des réactions. Une fois, mon père est sorti. Toute la famille est sortie avec lui.

J'ai connu la messe « dos au peuple » et un temps où peu de gens communiaient. Je me rappelle la fois où mon père n'a pas pu communier parce qu'il avait mis trop de temps pour sortir de sa rangée de chaises : les autres personnes n'allaient pas communier, et, le temps que mon père gagne l'allée centrale, le prêtre était déjà remonté à l'autel.

Le diocèse de Nantes était assez clivé ?

Le sud du diocèse, c'est la Vendée militaire, rurale, avec le muscadet. Le nord-ouest était ouvrier, avec les chantiers navals de Saint-Nazaire, Paimbœuf, les Batignolles. Un moment, il avait été question de couper le diocèse en deux, comme Rouen : un évêché à Nantes et l'autre, à Saint-Nazaire. Il faut ajouter un enseignement catholique, pléthorique, et le tourisme, déjà très important, sur la côte, Pornic, La Baule, le Croisic, etc.

Arrive mai 68.

À Nantes, les lycéens ont organisé le CAL, Comité d'action lycéen. Avec les étudiants, on a débaptisé la place Royale en place du Peuple, et badigeonné la statue de la fontaine en noir. On a lancé des cailloux dans les carreaux de la préfecture, toute neuve. C'est rigolo : ça fait du bruit ; ça dégringole. On a déboulonné une pissotière, ce qui a provoqué un jet d'eau digne du lac Léman.

L'enseignement catholique était aussi de la partie ?

Oui. Ils avaient constitué le CALEC, c'est-à-dire le CAL de l'enseignement catholique. Le petit séminaire en faisait partie. Le CAL était très ouvert et appelait le CALEC à faire cause commune. J'avais été délégué pour aller au CAL, comme une fille de Blanche-de-Castille. À la réunion, l'étudiant qui présidait, dans une pagaille invraisemblable, a proposé de faire un tour de table de nos revendications. Arrivé à mon tour, j'ai dit que nous n'avions pas tellement de revendications, car nous vivions déjà en autodiscipline : étonnement ! Mais j'ajoutais que ce serait bien de continuer à se retrouver. Du coup, j'ai été nommé secrétaire.

Et la suite ?

La suite, c'est que mon père a trouvé que ça commençait à bien faire. Il a emmené toute la famille à Quiberon. La suite, ce sont donc trois mois de vacances extraordinaires.

Paris et les années de séminaire 1971-1978

Quand es-tu arrivé à Paris ?

En 1971. Mes parents habitaient à Argenteuil, parce qu'il fallait trouver une maison. C'était sur la ligne de Saint-Lazare, assez facile d'accès. Plus on s'éloignait de Paris, plus les prix diminuaient. Mes parents ont commencé à chercher sur Bois-Colombes, puis Colombes. Finalement, ils ont trouvé à Argenteuil.

Tu avais fait cinq ans de petit séminaire à Nantes. Même en redoublant ta seconde et ta terminale, au bout de cinq ans, le temps du petit séminaire était fini. Se posait la question du séminaire : à Nantes ou à Paris, puisque tes parents déménageaient ?

Le séminaire de Nantes avait très mal vécu 68 et était complètement gagné par la psychologie, la grande nouveauté. Un copain y était entré une année avant moi (1970) : Denis Moutel, devenu évêque de Saint-Brieuc et Tréguier depuis. Comme quoi…

Moi, je n'avais pas d'attache particulière avec Nantes, et ce que je savais du séminaire ne me disait pas grand-chose. Mais Issy-les-Moulineaux, de son côté, avait une réputation de désordre. Je suis allé trouver le supérieur. À l'époque, j'étais responsable d'une équipe de la JIC. Le supérieur m'a dit de profiter d'une session de responsables d'équipe en région parisienne – nous étions cinq cents – pour aller voir un séminariste, Champenois, à Issy-les-Moulineaux. Il me mettrait en lien avec un parisien, Renaudin, et ce Renaudin me mettrait en contact avec des séminaristes de premier cycle. Je verrais et nous en reparlerions.

C'est ce que tu as fait ?

Exactement. J'ai vu Champenois, puis Renaudin pour qui j'ai eu, tout de suite, beaucoup d'admiration. Il m'a emmené au bâtiment du premier cycle, « Lorette » : pour y aller, il fallait passer par un tunnel. Là, j'ai vu un séminariste du premier cycle, Luquaire. Il m'a dit que les professeurs étaient excellents. Entre autres, le père Goudey. Il y en avait aussi deux ou trois autres qui étaient remarquables. Hélas, l'année suivante, ils sont partis pour se marier. Mais, comme professeurs d'exégèse et de philosophie, ils étaient très bons. Le supérieur du second cycle était le père Marcus et, comme directeur spirituel, je pouvais choisir le père Chalmandrier, du diocèse de Nantes à l'origine. Donc, je suis entré à Issy-les-Moulineaux, à un kilomètre de la porte de Versailles.

Tu n'as jamais habité Argenteuil.

Si : en week-end, en vacances.

Aujourd'hui, les séminaristes sont mis en rapport avec une paroisse. Quelle paroisse pour toi ?

Saint-Lambert de Vaugirard. C'était sur la ligne de métro depuis Issy-les-Moulineaux. Je me suis occupé de l'ACE (Action catholique des enfants), avec Rémi Leproust, Alain Bruneau et d'autres. J'ai été fédéral, tout en étant au séminaire, puis pendant mon stage entre les deux cycles d'études au séminaire. Avec l'ACE, nous avons fait des camps à Olonne-sur-Mer, à Pâques et en juillet. Hélas, à cause des normes, la colo a dû être fermée puis vendue, comme beaucoup d'autres. Les gamins étaient heureux, mais, surtout, c'était un lieu de formation pour l'équipe d'animation, en s'inspirant de l'Action catholique.

L'Action catholique tenait une grande place dans la pastorale française.

Au séminaire, nous devions tous avoir une « insertion » dans l'Action catholique. Un prêtre était même chargé spécialement d'y veiller. Pour moi, c'était une chose ancienne, et j'ai gardé des responsabilités dans la JIC jusque dans les années 1990. Mais je me souviens de deux camarades de séminaire qui ne souhaitaient pas ce genre d'engagement. L'un des deux a continué les études au séminaire, mais a refusé l'ordination.

Tu as fait toutes les années de séminaire à la suite ?

Non. J'ai coupé entre les deux cycles : deux ans de philo à Paris IV. Les cours avaient lieu à Clignancourt. J'ai habité, alors, rue Lecourbe, chez les Frères de Saint Jean de Dieu. C'était une maison pour les enfants handicapés. J'étais chargé de la catéchèse.

Pour l'instant, je m'intéresse surtout à saint Paul. Au séminaire, j'avais travaillé sur Luther et Calvin. J'avais rédigé un devoir sur Luther, à l'intention du père Vidal. Il m'avait mis 18, en me précisant que Luther n'était pas encore canonisé. J'aimais beaucoup les écrits de Kasper. Et, en spiritualité, Thérèse de l'Enfant Jésus. Par ailleurs, j'aime bien lire les BD et les romans policiers.

Après la philo ?

Je rentre à Issy-les-Moulineaux, pour le second cycle. Le supérieur était le père Soubrier, après le père Marcus. J'ai eu, entre autres, comme professeurs, Éric Aumônier et André Vingt-Trois.

Tu es resté en lien avec Saint-Lambert ?

Non. La règle est de changer. J'ai été accueilli, bien accueilli d'ailleurs, à Saint-Pierre de Montrouge.

Pour être précis, il faut dire « Saint-Pierre du Petit-Montrouge », pour ne pas confondre avec la ville de Montrouge, au-delà du périphérique. J'ai continué les colos à Olonne, parce qu'elles concernaient tout le sud de Paris. Je me suis occupé aussi de catéchèse et de préparation au baptême.

Tu es ordonné diacre et prêtre en quelles années ?

Mon premier engagement, le 1er juillet 1976, je l'avais fait à Saint-Lambert de Vaugirard, le père Jean Romary étant curé. Juste après, il fut nommé vicaire général, puis évêque auxiliaire, mais il mourut avant son ordination. Quel dommage ! C'était un homme remarquable, dans une période difficile : les prêtres partaient, les uns après les autres, toutes les semaines. Pour la cérémonie du premier engagement, nous étions trois : avec moi, un futur prêtre du diocèse de Nanterre et un séminariste libanais. La célébration était présidée par le cardinal Marty, en présence de Mgr Delarue, évêque de Nanterre, et de Mgr Makhlouf, pour le Libanais.

J'ai été ordonné diacre en 1977 et prêtre, le 24 juin 1978. Les deux ordinations ont eu lieu à Notre-Dame de Paris, ce qui n'était pas la coutume antérieurement. Normalement, les ordinations de diacres se faisaient dans les paroisses. Mais, cette année-là, les prêtres à ordonner n'étaient que deux. Ce fut l'année la plus creuse de toute l'histoire récente. Le cardinal Marty a demandé de joindre, dans une même célébration, les ordinations de diacres et de prêtres. Donc, je n'ai pas été ordonné diacre à Saint-Pierre de Montrouge, mais c'est là que j'ai célébré ma première messe.

Autrefois, le diaconat était vu comme une étape vers le sacerdoce. Mais, à ton époque, il commençait à y avoir quelques diacres, dits « permanents » : ce qui est une bien mauvaise expression, car un prêtre et un évêque restent diacres.

Les premiers diacres parisiens ont été André Mahé et Jean Magail, mort en 2017 : le premier était policier ; le second était cheminot. Quand ils venaient parler aux séminaristes, ils évoquaient surtout le témoignage qu'ils rendaient dans leur milieu professionnel. Mais tout chrétien est appelé à rendre témoignage.

Pour nous, le diaconat était l'engagement vraiment définitif en vue du sacerdoce. Le sous-diaconat n'existait plus : c'est lui qui, autrefois, officialisait l'option pour le célibat. La retraite préparatoire eut lieu à l'abbaye de Bellefontaine (Maine-et-Loire), pendant la Semaine sainte. Je vois encore Mgr Gilson, tout jeune évêque auxiliaire de Paris, s'avancer pieds nus, comme les moines, pour l'Office de la Passion et la vénération de la Croix.

Qu'est-ce que tu avais choisi comme image d'ordination sacerdotale ? Cette image est un message puisqu'elle est remise à beaucoup de gens : quelle idée du prêtre voulais-tu exprimer ? Choisirais-tu la même image aujourd'hui ?

C'était une image collective : l'icône de Roublev. Au verso, nos quatre noms, puisque nous étions quatre. Sur les faire-part, il y avait un dessin : le Lavement des pieds. Avec la phrase : « Je suis au milieu de vous comme celui qui sert. »

Ta formation et tes ordinations se placent au temps du cardinal Marty, arrivé à Paris quand tu faisais les quatre cents coups à Nantes, en mai 68.

Dans ces années-là, qui aurait fait mieux ? Pour nous, c'était un père. Il recevait les séminaristes, au moins trois fois par an, ensemble, à sa table. Le père Bezançon était présent, puisqu'il dirigeait le Service des vocations. C'est Bezançon qui avait inventé la formule « J'embauche ». Le cardinal était très proche, très fraternel, mais on était quand même un peu impressionnés, vu ce qu'il représentait. Il prenait son temps. Il n'était pas pressé. C'est le cardinal Marty qui, pour la première fois, a employé le mot « jeunes » dans un texte officiel. Il venait au Frat, où il passait très bien.

À Chartres, quand j'en ai été responsable à partir de 1970, je l'ai invité les premières années. Puis, au milieu des années 1970, au moment le plus difficile, je ne l'ai pas invité pour ne pas le mettre dans une situation délicate. Mais je l'ai réinvité dans les dernières années, avant de quitter l'aumônerie étudiante en 1979. Tu as revu le cardinal Marty après son départ de Paris ?

Oui, tous les ans, avec ma mère. Ma mère l'aimait beaucoup. Nous allions à Monteils. En fin de matinée, il célébrait la messe ; ou bien nous discutions dans son bureau. Ensuite, nous descendions au restaurant où il avait sa table. Quand il est mort, j'étais en repérage avec Pascal Gollnisch pour les JMJ de Manille. Je n'ai pas pu rentrer à temps pour ses obsèques. Je l'ai regretté, car il s'était montré très proche quand j'ai perdu mon père et quand, peu de temps après, j'ai été atteint du cancer. Je n'ai pas pu lui dire « au revoir ».

Les débuts
1978-1985

Quelle est ta première nomination ?

La paroisse Saint-François-de-Sales, dans la plaine Monceau. Mgr Frossard, qui s'occupait des nominations, m'avait dit : « Je vous envoie là-bas, parce que c'est une pépinière de jeunes ». En fait, j'avais demandé, si c'était possible, d'avoir plutôt un ministère auprès d'adultes. Peu importe.

Comment caractériser la paroisse ?

Grande bourgeoisie, très fermée. Mais quand on avait gagné la confiance des familles, c'était formidable. Dans ce milieu, j'avais l'air d'un ovni, en sandalettes, avec mes chemises hawaïennes. Pour la paroisse elle-même, je dirais : « lourdement rassemblée, globalement pratiquante ». Le dimanche, les Messes se succédaient, de demi-heure en demi-heure, alternativement dans l'une des deux églises, pour que le prédicateur puisse passer de l'une à l'autre. C'était affreux !

Premières impressions.

Quand je suis arrivé à Saint-François-de-Sales, en septembre 1978, il existait une équipe liturgique pour chacune des messes du dimanche. La tendance était de décomposer et recomposer le déroulement de la messe. Le but était de ne pas faire comme le dimanche d'avant. On inventait de nouveaux textes pour l'ordinaire de la messe.

L'autre caractéristique du temps était de fractionner l'Église en milieux socioprofessionnels. Y compris la catéchèse. La visée était d'acheminer vers la révision de vie. En oubliant que l'acte de foi doit précéder une révision de vie évangélique. À l'époque, on supposait acquis le contenu de la catéchèse : ce qui était une erreur. Le risque était, finalement, de ne s'adresser qu'à une Église de militants. Ce faisant, les groupes se rétrécissaient. J'appelais cela la pastorale des cabines téléphoniques.

Qu'est-ce que tu as contre les cabines téléphoniques, qui, d'ailleurs, n'existent plus ?

Parce que, dans une cabine téléphonique, on tient à trois ou quatre. Les prêtres n'avaient plus contact avec le grand nombre. Quand ils relataient des faits de vie, il s'agissait parfois de leurs familles et même, d'autres fois, de faits inventés. Ayant mauvaise conscience d'avoir « perdu la classe ouvrière » au XIXe siècle, la priorité était donnée à la pastorale ouvrière. Mais ce qui était tout à fait évangélique tournait parfois à l'idéologie, les prêtres issus de la haute bourgeoisie étant souvent les plus doctrinaires.

Au début, les épreuves n'ont pas manqué.

Effectivement, j'ai perdu mon père à Noël 1979 et j'ai été traité à l'hôpital Saint-Louis, efficacement traité, pour un cancer entre 1980 et 1981. Dès 1981, j'étais remis sur pied. Au diocèse, certains me voyaient déjà mort. Pour démentir la rumeur, dès que les médecins m'ont assuré d'une rémission totale, je suis allé voir Mgr Lustiger qui venait d'arriver. À la fin de l'entretien, il m'a demandé si un texte d'Évangile me venait à l'esprit. J'ai cité : « Un autre te mènera où tu ne voudrais pas aller. » Nous avons lu le texte ensemble, et, à partir de ce moment-là, un certain lien s'est créé entre lui et moi.

Premiers ministères à Saint-François-de-Sales ?

Quand j'arrive, le curé, le père Piéplu, me confirme qu'il m'affecte à la pastorale des jeunes. Il fallait remplacer le prêtre qui s'occupait du collège voisin, Ronsard. Mon prédécesseur emmenait les jeunes en week-end à Coyes-la-Forêt. Quand les jeunes revenaient, ils disaient à leurs parents : « L'aumônier est bien plus sympathique que vous, parce qu'il n'y a pas eu la messe. » Il était « grillé ».

Comment se présentait l'aumônerie de l'enseignement public sur la paroisse ?

L'aumônerie du lycée Carnot marchait très bien : le père Jean-Pierre Caveau avait succédé au père Éric Aumônier et, auparavant, à Guy de Lachaux. J'ai remplacé le père Caveau à plusieurs reprises quand il a eu des accidents. Mais je n'ai jamais été aumônier de Carnot. Rien n'existait pour le collège Ronsard. J'ai pu créer une aumônerie, malgré l'opposition de la direction du collège. Il a fallu une pétition des parents. Le père de Lachaux, responsable des aumôneries de l'enseignement public pour Paris, a ajouté le nom de Ronsard sur la liste soumise au rectorat. Une fois la liste signée, c'était gagné. Quand on crée quelque chose, c'est formidable ! Je suis resté sept ans à ce premier poste.

Première initiative ?

Une rencontre, un samedi après-midi, bien préparée, avec des carrefours, des intervenants etc. Quatre mille tracts. Résultat : quatre jeunes. J'en ai été physiquement malade. Mais la leçon était salutaire : l'information par voie de tracts et d'affiches, auprès des jeunes, ne sert à rien. Ne marche que le bouche-à-oreille, l'invitation de l'un à l'autre. Je dois reconnaître qu'il y aura une exception : pour la venue du pape au printemps 1980. Alors, même moi, j'ai été étonné par l'écho immédiat rencontré par l'invitation officielle.

Qu'est-ce que l'on faisait dans l'aumônerie de Ronsard ?

Il y avait des équipes. En sixième-cinquième, c'était plutôt de la catéchèse. Mais, même après, nous suivions un programme. Ne me demande pas lequel. Il y avait une célébration toutes les semaines. Ensuite, quand j'ai été à Saint-Éloi, une fois par mois, nous animions la messe de la paroisse, notamment au plan musical. En plus, nous préparions la fête de l'aumônerie. De ce temps, je garde un très bon souvenir des rapports entre Caveau et Quéruel à Saint-Charles, Guyard et moi à Saint-François-de-Sales.

Le scoutisme ?

Ou plutôt, les trois scoutismes. Ils existaient, tous les trois, sur Saint-François-de-Sales. Ils se portaient bien. Mais les relations entre les dénominations – Scouts de France, Guides de France, Scouts unitaires et Guides unitaires, Scouts d'Europe et Guides d'Europe – étaient toujours très tendues. Les groupes étaient vivants : le premier été, je suis allé dans onze camps, aux quatre coins de la France, et même en Irlande. J'ai demandé que, l'année suivante, ils se regroupent dans trois régions seulement.

Avec les scouts se pose le problème classique des locaux. Chaque unité veut le sien, en usage exclusif et permanent. À l'époque, la paroisse était partie pour de grandes opérations immobilières. Il a fallu recaser tout ce petit monde. Non sans mal, on y est arrivé, et les revendications étaient plutôt un signe de vitalité.

Au niveau du diocèse, quelle était la situation ?

Les aumôneries scolaires étaient très fortes. Le rassemblement des « sixième », au mois de janvier, venait d'être inventé. Il existe toujours, je crois. Je me rappelle aussi une session régionale de la JIC et de la JICF – puisque les deux mouvements étaient encore séparés –, avec de nombreux participants et assez tonique : cinq cents, cinq cent cinquante. Il existait encore quelques patronages, mais qui allaient un peu dans tous les sens.

Tu étais aumônier de premier cycle, avec le collège Ronsard. Mais tu jetais aussi un œil sur le second cycle ?

Effectivement, dès 1979, j'ai participé à un rassemblement du second cycle, à Crouÿ-sur-Ourcq. Le père Guy de Lachaux en était le responsable. L'année suivante, la boom du samedi soir était remplacée par une célébration. Je garde de grands souvenirs de ces rassemblements. À Meaux, en 1981 ; à Lourdes, en 1982. Celui de novembre 1983, à Pontoise, avait pour thème : « Vivre la ville ». Le dernier jour, nous avons été reçus à l'Hôtel de Ville de Paris. Il avait plu toute la journée. On devait avoir une drôle d'allure dans les salons de M. le Maire, Jacques Chirac. En sortant, nous sommes allés à Saint-Gervais, juste derrière l'Hôtel de Ville, accueillis par le père Delfieux. L'archevêque célébra la messe.

Quand tu es ordonné prêtre, c'est la fin de la décennie 70.

Je me rappelle, en 1977-1978, une session à Bagneux. Pour la messe, on est resté autour des tables, le Missel tournait et les prêtres étaient en civil. Dès l'année suivante, et c'était donc avant la nomination de Mgr Lustiger, la célébration a eu lieu à l'oratoire.

Dans ces années-là, il y a bien eu aussi quelques frictions ?

À Pâques 1980, le voyage du pape à Paris venait d'être annoncé. Les aumôniers de l'enseignement public étaient réunis en session à Dijon. Les secrétaires généraux de l'aumônerie au niveau national, voulaient soumettre au vote l'accueil du pape. Il ne s'agissait pas seulement de savoir si l'aumônerie de l'enseignement public y participerait. Il s'agissait du principe même de la venue du pape en France. Cela peut paraître invraisemblable aujourd'hui, mais c'était ainsi. J'ai demandé que ce vote, s'il avait lieu, se tienne à bulletins secrets. Il n'en fut plus question.

À la rentrée 1981, Mgr Lustiger, nommé six mois plus tôt, et Guy de Lachaux se sont opposés sur leurs visions de l'aumônerie. L'opposition portait, en particulier, sur la constitution d'un corps de permanents et permanentes salariés.

Mgr Lustiger ne voulait pas « s'embarquer dans l'aventure lyonnaise qui conduisait le diocèse à la banqueroute », comme le répétait Mgr Coloni, auxiliaire de Paris, de la part de l'archevêque.

Je connais cette question. À la Formation des responsables, les participants étaient invités à garder un travail ou à suivre une formation professionnelle pour ne pas se trouver disqualifiés quand leur engagement pastoral viendrait à son terme.

Guy de Lachaux a démissionné avec quelque fracas. Les ponts étaient coupés. C'est Françoise Pelet qui a repris le contact et rencontré Mgr Lustiger, qui n'était pas encore cardinal. Le jour du consistoire à Rome, les aumôneries ont envoyé trois personnes pour les représenter : Françoise Pelet, Jacques Vallet et Philippe Bernard. Les rapports ont repris. Ces faits sont vrais. La décennie 1980 ne ressemblera pas à la précédente : je suis arrivé à la jonction des deux.

Collaboration dans l'enseignement public
Interview de Françoise Pelet

Vous étiez dans l'aumônerie de l'enseignement public dans les mêmes années que le père Jacquin.

J'ai commencé bien avant lui : en 1959. J'avais vingt-deux ans. Au lycée Molière, lycée de filles, l'aumônier était un bénédictin de la rue de la Source. Il a pensé que ce n'était pas bon pour les jeunes filles de n'avoir, à l'aumônerie, qu'un prêtre. Avec d'autres jeunes femmes, j'ai participé, entre autres, à des camps réunissant les aumôneries des lycées de filles. J'ai fait un an à Molière. Puis neuf ans à Jules Ferry ; puis, de nouveau à Molière, pour neuf ans ; puis Octave Gérard, Chaptal et, enfin, Camille Sée. J'ai fini en 1994.

Quand avez-vous collaboré avec le père Jacquin ?

J'ai connu le père Jacquin quand il était à Saint-François-de-Sales et aumônier de collège. Nous avons été ensemble au bureau de l'aumônerie de l'enseignement public où il m'a succédé, pour les collèges. Il m'a succédé. Nous avons aussi travaillé ensemble pour le Frat.

Vous êtes donc restée trente-cinq ans dans l'aumônerie. Quatre archevêques : Mgr Feltin, Mgr Veuillot, Mgr Marty, Mgr Lustiger. À partir de quand avez-vous eu une lettre de mission ?

En 1978, de la part de Mgr Gilson, en tant qu'auxiliaire d'aumônerie et, en 1979, de la part du cardinal Marty, comme responsable. J'avais compris qu'il valait mieux ne pas dépendre uniquement de l'association des parents d'élèves. Elle aurait pu décider de transformer l'aumônerie en n'importe quoi. La lettre de mission, diocésaine, me garantissait là-contre. Elle était superbe. Un curé m'a dit : ce n'est pas une lettre pour un laïc ; c'est une lettre pour un prêtre. Après, les lettres ont été plus limitées.

Vous étiez la première à recevoir une lettre de mission ?

Oui, comme auxiliaire, mais, comme responsable, ce fut Geneviève Ronceray, pour l'aumônerie du lycée Jacques Decour.

Deux ans après votre lettre de mission, arrive le père Lustiger. Les relations entre Mgr Lustiger et l'aumônerie de l'enseignement public ont plutôt mal commencé, avec la démission du père de Lachaux.

Le père Jacquin vous l'a expliqué. Après ce clash, le bureau de l'aumônerie ne voulait pas aller voir le père Lustiger. Il ne voulait pas parler avec lui. J'ai discuté avec une amie, Isabelle Eyssig. Ensemble, nous sommes allées voir le père Thomazeau, vicaire général. C'est lui qui a dit au père Lustiger : si vous voulez parler avec quelqu'un, il n'y en a qu'une qui acceptera, c'est Françoise Pelet. Un matin, j'étais à l'aumônerie d'Octave Gréa. Le téléphone sonne : « Bonjour, c'est le père Lustiger. Je voudrais vous voir. » J'y suis allée, contre l'avis du bureau.

Qu'est-ce qui vous a poussée à accepter ?

Entre autres, mon beau-frère, qui n'est pourtant pas pratiquant. C'est lui qui m'a dit : quand il y a un conflit entre le patron et le personnel, c'est à la personne qui est là depuis le plus longtemps et qui est représentative des autres, c'est à elle d'aller voir le patron.

Vous connaissiez le père Lustiger ?

Un peu, parce que j'avais été étudiante en Sorbonne. J'avais été en Terre Sainte avec lui.

C'était votre première rencontre avec lui depuis qu'il était archevêque de Paris ?

Non. Lors d'une rencontre entre l'archevêque, les aumôniers-prêtres et les femmes responsables d'aumônerie, il y avait eu un montage audiovisuel, préparé par le groupe de femmes, une dizaine, sur le rôle des laïcs auprès des prêtres. Le tout se voulait gentil, plein d'humour, avec des petits dessins. Quelque temps avant, j'avais écrit un article pour le journal du secteur, intitulé : « Bonnes à tout faire ». Comme laïc, on fait tout, mais sans la responsabilité et sans la reconnaissance.

Comment s'est passé le rendez-vous ?

Je vais donc le voir rue de la Ville-l'Évêque. Il me parle du montage et me dit que, si quelqu'un est d'accord avec ce montage, il lui retire sa lettre de mission. Je lui ai répondu que je faisais partie du groupe qui l'avait préparé mais qu'il ne fallait pas prendre pour un manifeste de mauvaise théologie ce qui était un mouvement d'humeur et d'humour. Alors, adorable comme il savait l'être, il s'est levé et il m'a dit : reprenez-vous ! Et il est allé manger du pain grillé, du lait et un bout de gruyère.

Quand il est revenu, il m'a demandé d'expliquer. Il m'a beaucoup remerciée d'être venue. Il savait, me dit-il, qu'il me mettait en porte à faux. Et il ne m'a pas retiré la lettre de mission... Il était touchant, parce que, après de grandes colères, il savait reconnaître qu'il avait eu tort de s'emporter. Quel homme ! Quand il a été fait cardinal, j'ai été invitée à Rome avec le père Philippe Bernard, un des membres du bureau. C'est un très beau souvenir.

Le cardinal a fait mettre les aumôneries à Saint Jacques-du-Haut-Pas. Était-ce une bonne décision ?

Non. Certes, nous avions une grande liberté mais cela donnait le sentiment que nous ne faisions pas partie du diocèse, puisque nous n'étions pas à la Maison diocésaine.

Avez-vous trempé dans le Fraternel ?

J'ai fait partie de la troïka de Lourdes pour les Frat de 1982 et 1984. Les deux autres membres étaient le père Queruel et le père Beaugrand de Nanterre. J'ai continué à faire partie de l'équipe d'animation jusqu'en 1994.

Quel rôle avez-vous joué plus spécialement ?

Curieusement, ce fut surtout après 1984. À Pâques, le Frat de Lourdes a lieu en même temps que celui des malades d'Île-de-France, pèlerinage animé par l'Abif, le « b » voulant dire « brancardiers ». Les relations entre le Frat et l'Abif étaient exécrables. En 1986, le père Jacquin, qui n'était pas le responsable mais qui faisait partie de l'équipe, a suggéré que j'entre comme hospitalière à l'Abif, puisque je ne faisais plus partie de la troïka. Je ne l'ai fait qu'une fois, à cause d'un problème de santé.

Est-ce que ce fut utile ?

Je le crois. On s'est mieux compris. Ils sont venus à nos célébrations. Ils nous ont même rendu service. Un soir, à Sainte-Bernadette, il était prévu que le cardinal parle un quart d'heure. Vingt-cinq minutes, une demi-heure : le cardinal parlait toujours. Il était dix heures du soir. Borniche, le responsable de l'Abif, s'est levé. Il a fait un geste : tous les brancardiers ont compris et ont emmené les malades. Le cardinal a conclu.

En 1994, vous arrêtez l'aumônerie. Mais vous n'en avez pas tout à fait fini avec la pastorale des jeunes. Vous avez été embarquée dans la préparation des JMJ de 1997.

Avec le père Jacquin, nous collaborions à l'aumônerie des étudiants de Clignancourt, alors que je commençais l'aumônerie des hôpitaux, à Bichat, juste à côté. Pour les JMJ, c'est Mgr Soubrier qui m'a sollicitée, de la part du père Jacquin. Je me suis surtout occupée du pèlerinage de la Croix des JMJ. Elle est allée un peu partout, même à l'île de la Réunion. Une fois, je l'ai perdue. Elle a dû traîner dans une gare. L'étui n'était pas très solide. Finalement, un général, qui était dans l'aviation, a fait fabriquer une enveloppe de protection, analogue à celles des pales d'éoliennes. En plus, j'ai travaillé avec Mgr Guyard pour le Festival de la Jeunesse.

Vous le connaissiez bien ?

J'étais dans son équipe pour la finale de la Marche de l'Évangile, le synode proprement dit, en 1993-1994.

Après trente-cinq ans dans l'aumônerie de l'enseignement public, vous êtes allée dans l'aumônerie des hôpitaux.

Sept ans, dont cinq ans comme responsable diocésaine et responsable régionale. Aujourd'hui, et c'est normal, je n'ai plus de fonction. Mais je regrette que le diocèse ne s'inquiète guère de ceux qui ont eu des responsabilités pastorales, avec lettre de mission, une fois qu'ils ne sont plus en charge. J'ai été très heureuse de recevoir, il y a neuf ans, la médaille de Saint-Grégoire, pour cinquante ans de service dans l'Église. C'est une médaille romaine, pas diocésaine. Elle m'a été remise par le cardinal Vingt-Trois.

Entre 1959 et 1994, je ne vais pas vous demander si les jeunes ont changé. Mais vous-même, pour autant qu'on puisse se reporter soixante ans en arrière, votre attitude à l'égard des jeunes a-t-elle changé ?

Sûrement. Au départ, on pense qu'il faut guider les jeunes, organiser les choses pour eux. Avec le temps, j'ai découvert qu'il fallait plutôt les accompagner et ne rien organiser sans eux. Il faut partir de ce qu'ils vivent, de ce qu'ils savent, de ce qu'ils attendent. Faire confiance, donner des responsabilités. On voit cela dans ce que raconte le père Jacquin sur Chartres et sur les JMJ. La responsabilité des adultes n'est pas moins grande ; elle s'exerce différemment.

En 1997, vous êtes donc passée de l'aumônerie de jeunes au monde hospitalier. Pour un changement, c'est un changement !

Extérieurement, oui. Mais pas sur le fond. Il s'agit toujours d'être disponible, attentive, à l'écoute.

Le Frat

Quand tu arrives comme aumônier de Ronsard, le « Frat » existait déjà ?

Depuis longtemps. Les « colonies fraternelles » pour les garçons des patronages avaient été lancées en 1908, l'année du cinquantenaire de Lourdes, par l'abbé Caillet, vicaire à la paroisse Sainte-Geneviève des Grandes-Carrières. À partir de 1927, l'abbé Krempff, vicaire à Saint-Médard, emmena des filles à Lourdes. Garçons et filles alternaient, d'une année sur l'autre.

Depuis, de l'eau avait coulé sous les ponts de Paris…

Effectivement, dans les années 1970, le Frat fut remis en question. Il y avait une tension entre l'Action catholique et les aumôneries de collèges et de lycées. Les aumôneries voulaient arrêter le Frat et l'enseignement catholique ne venait plus. Le cardinal Marty lança une consultation auprès de trois cent cinquante personnes et confia la question à une commission, présidée par Mgr Marcus. La commission aboutit à une solution : une année sur deux, à Jambville, dans la propriété des Scouts de France, les aumôneries de l'enseignement public réuniraient les jeunes de quatrième et de troisième. L'autre année, l'Action catholique organiserait le Frat de Lourdes pour les élèves du second cycle (seconde, première, terminale).

Quand tu arrives à Saint-François-de-Sales, les deux Frat fonctionnaient déjà ?

C'était le tout début de la nouvelle formule, mixte, avec alternance entre Lourdes et Jambville. Le premier Frat de Lourdes, nouvelle mouture, eut lieu en 1978 et, comme aumônier de collège, j'ai participé au premier Frat de Jambville à la Pentecôte 1979. Le responsable était le père Truptil. Je suis parti avec trois jeunes dans ma 2 CV. À l'époque, la mode était de couper la célébration de la messe en plusieurs séquences. Mais, à part cela, c'était bien. Le cardinal Marty était présent, très à l'aise, avec Mgr Marcus.

L'année suivante, 1980, repos ?

Pas tout à fait. J'ai accompagné le père Caveau, l'aumônier du lycée Carnot, au Frat de Lourdes. Jusque-là, le Frat concernait le diocèse de Paris et les trois diocèses qui s'étaient formés en 1966 : Nanterre, Saint-Denis et Créteil. En 1980 s'adjoignirent les jeunes venus des diocèses de Versailles, de Meaux, d'Évry et de Pontoise. Par la suite, j'ai toujours fait partie de l'équipe organisatrice de Lourdes : je m'occupais des « relais », c'est-à-dire des rencontres des jeunes avec des témoins. Il faut distinguer les relais et les carrefours. Les carrefours réunissent un tout petit groupe de jeunes de diverses provenances. Autour d'un animateur, ils échangent sur leur propre vie, leurs propres interrogations parfois, on s'exprime plus librement devant des inconnus. En 1981, au deuxième Frat de Jambville, j'étais l'adjoint du père Truptil et Mgr Lustiger m'avait nommé pour lui succéder.

Au cardinal ?

Au père Truptil, bien sûr.

1981, c'est l'année de l'attentat contre le pape.

Je ne risque pas de l'oublier. Le 13 mai, jour de l'attentat, avait lieu le retour du Frat. Deux ans plus tôt, ce retour s'était fait au stade Charléty. Tout s'était terminé par un orage épouvantable et une véritable débandade. Je m'étais promis que cela ne recommencerait pas. En 1981, les jeunes étaient appelés à se retrouver à Notre-Dame. Depuis, c'est devenu une tradition pour le Frat de Jambville.

Revenons en 1981.

Le 13 mai, je prêchais une retraite de profession de foi à Coyes-la-Forêt. En fin d'après-midi, je rentrais à Paris en 2 CV, pour être à Notre-Dame. Je mets la radio : musique classique. J'entends : « Le pape Jean Paul II est entre la vie et la mort. » À la cathédrale, Mgr Lustiger a célébré la messe, non pas comme si de rien n'était, mais en respectant le fait que les jeunes (13-15 ans) étaient dans la joie du Frat qu'ils avaient vécu.

Personnellement, je me rappelle l'interview de Mgr Lustiger, sur le parvis de la cathédrale, à la sortie de cette messe. Alors que tout le monde répétait que c'était inimaginable de tirer sur le pape, il disait, lui, que c'était dans la vocation du pape, vicaire du Christ, d'imiter le Maître jusque dans la mort. Ces mots avaient d'autant plus de force que Jean Paul II l'avait nommé à Paris, contre toute attente, trois mois plus tôt.

Comme d'habitude, quand il y a un événement religieux important, la télé était venue à Notre-Dame. Les journalistes commentaient : « Voyez, les jeunes, spontanément, se sont rassemblés à Notre-Dame. Ils sont venus prier pour le pape. » Ce n'était pas tout à fait vrai.

À l'époque, j'étais donc à Saint-François-de-Sales : dans toute l'histoire de la paroisse, on n'a jamais brûlé autant de cierges. D'autant plus que, le dimanche précédent, Mitterrand avait été élu, ce qui n'était pas pour plaire à la majorité des paroissiens.

Le premier Frat dont tu es responsable, c'est en 1983 ?

En 1983, j'étais encore l'adjoint du père Truptil. Il m'avait confié, en particulier, la liturgie et les relations avec le cardinal Lustiger. Nous étions trois mille. Presque tous les évêques d'Île-de-France étaient présents. Les diocèses de Versailles, de Pontoise et de Meaux nous rejoindront en 1985.

Pourquoi Jambville ?

C'est une propriété des Scouts de France, en région parisienne, à quelques kilomètres de Meulan, à la limite entre le diocèse de Versailles et celui de Pontoise. Les biches circulent en liberté. Le domaine s'étend sur plusieurs dizaines d'hectares où l'on peut planter des tentes, mais où l'on peut aussi vagabonder la nuit. C'est pourquoi nous avions organisé des équipes de « noctambules ». Jambville dispose aussi de quelques équipements fixes.

Le Frat est une grosse organisation. Pour qu'il puisse se répéter, il y a donc forcément un aspect financier.

Dès la deuxième session du Frat à Jambville, nous avons mis au point une convention financière. Jacques Loizeau a été très précieux pour la mettre au point. Ce genre de négociations est toujours un peu tendu, mais, finalement, tout le monde y a trouvé son compte : gagnant-gagnant. Mgr Soubrier, évêque auxiliaire de Paris, participait aux négociations. Il a pesé de tout son poids pour aboutir à une conclusion positive. La venue régulière du Fraternel a permis aux Scouts d'améliorer l'aménagement de leur site. Inversement, les Frat de Jambville étaient légèrement bénéficiaires, ce qui permettait d'équilibre les Frat de Lourdes, forcément un peu déficitaires, à cause des frais de transport.

Le Fraternel dure plusieurs jours : il faut une logistique importante.

La première année, c'est l'Armée qui s'en est chargée. Difficile à imaginer aujourd'hui. Par la suite, ce sont les Scouts eux-mêmes qui s'en sont chargés. Le Frat doit beaucoup à Lucien Calendo et à Liliane, son épouse, les permanents du site de Jambville. Bertrand Bayle constituait un groupe musical, dont il est inutile de souligner l'importance dans un rassemblement de jeunes.

Tu as été le patron de Jambville en 1985, 1987 et 1989. Quelles sont les innovations qui datent de ton temps ?

D'abord, l'organisation en villages territoriaux pour que les jeunes ne soient pas perdus dans une masse. Chaque village – environ trois cents jeunes – disposait d'une tente-mairie et d'une tente-chapelle. Le maire réunit tous les jours les représentants des groupes et leurs responsables. Rapidement, les tentes-chapelles sont devenues des tentes eucharistiques avec la Présence réelle. La Messe y était célébrée le matin. Je crois qu'aujourd'hui, ces tentes servent aussi pour le sacrement de réconciliation, tout au long du rassemblement, comme lors des JMJ.

Mais il faut aussi faire apparaître la dimension collective du rassemblement.

À cela contribuent les temps forts, essentiellement les célébrations, qui ont lieu sous le grand chapiteau. Mais il y a aussi un journal : combien de jeunes rêvent d'être journalistes ! Ils peuvent s'apercevoir que ce n'est pas si simple. En plus, tous se retrouvent dans un même lieu, assez isolé, le parc de Jambville. Ils utilisent tous le même livret, qui donne des renseignements pratiques mais qui décline aussi le thème.

Revenons sur les célébrations.

Par exemple, en 1983, cinq célébrations communes : l'accueil, la Parole, la Réconciliation, l'Eucharistie, l'envoi. Chaque année, pour la célébration de la réconciliation, les prêtres étaient sensibilisés par une invitation déposée sur leur chaise à la messe chrismale. C'était ainsi à Paris et dans les autres diocèses d'Île de France. C'était commode puisque la Messe chrismale a lieu juste avant Pâques, et le Fraternel de Jambville, à la Pentecôte. Une année, des bus ont amené deux cents prêtres, depuis la place de l'Étoile. C'est dire que tout le diocèse, tous les diocèses d'Île-de-France s'étaient approprié le Frat.

Après trois mandats, c'est un autre qui prend la suite.

C'est le père Gollnisch qui aurait dû prendre ma succession. Il faisait partie de l'équipe « collèges » dont j'étais responsable depuis 1989. La succession allait donc de soi. Mais, entre-temps, le cardinal l'avait envoyé au Cep, les aumôneries étudiantes issues du Centre Richelieu. Le cardinal l'a déchargé du Frat et je l'ai remplacé en 1991 : c'était mon quatrième Frat. J'avais accepté en demandant que, en même temps, soit désigné le futur responsable.

À qui pensais-tu ?

À Antoine Hérouard, qui était déjà dans l'équipe diocésaine des aumôneries de collège. J'ai retrouvé le contact avec le Frat quand j'ai été recteur de Notre-Dame : tous les deux ans, j'étais heureux de recevoir leur messe de retour. Je suppose que cela continue.

Le Frat de Lourdes a-t-il aussi une messe de retour ?

Non, ce n'est pas la coutume. Sauf une fois, en 1992, au palais omnisports de Bercy qui s'est trouvé disponible à la suite de la mort d'Yves Montand qui devait s'y produire. Bercy était plein. C'était formidable. Les familles étaient venues récupérer leurs jeunes. Il y avait même du monde dehors. Mais c'est la seule fois. Le groupe musical, Bethel, était dirigé par un certain Jean-Marie. Quand son visage apparaissait sur les écrans, les jeunes applaudissaient. Quand c'était Jean-Marie Lustiger, ils étaient moins démonstratifs.

Témoignage

Nous cherchions le soleil, nous avons trouvé la boue. Nous cherchions la chaleur, nous avons trouvé le froid. Mais au Frat, le soleil et la chaleur que nous cherchions, nous les avons trouvés : c'étaient ceux de l'amitié et de l'amour. Cela avait un goût d'Église.

Au Frat, nous sommes arrivés joyeux ; nous sommes repartis heureux, pleins d'amour, d'amitié et de bonnes intentions à partager le plus longtemps possible.

Au Frat, nous avons vu que 3 000 jeunes arrivent finalement à se rassembler. Imaginons un instant que dans tous les départements, dans toutes les régions, dans tous les pays du monde, on fasse pareil, on verrait le monde s'unir, les gens se tenir par la main et l'amour vaincre l'égoïsme.

Proclamons paix et amour.

> Le chemin jusqu'à Dieu est long. Chacun éclaire celui qui le précède. Chacun éclaire celui qui le suit. C'est une manière de s'aimer. C'est notre manière d'aimer.
>
> *Regardez bien, nous grandissons !*,
> Le Sarment, Fayard, Paris, 1983

Saint-Éloi
1985-1990

Tu es resté sept ans à Saint-François-de-Sales. Tu changes de rive à la rentrée 1985 et tu arrives à Saint-Éloi, mais toujours dans l'aumônerie de l'enseignement public.

Ce ne fut pas sans mal. Primitivement, je devais aller à Saint-Médard, dans le Ve arrondissement, au pied de la rue Mouffetard. Mais, dès le premier contact, j'ai compris que la paroisse, ou du moins tel ou tel prêtre, n'était pas du tout prête à me recevoir. Il y aurait conflit entre l'aumônerie et le patronage devenu maison des jeunes, avec un prêtre qui s'en occupait depuis longtemps. Je ne me voyais pas agir dans un pareil contexte. Je suis donc allé m'asseoir dans l'escalier de Mgr Rouet, qui supervisait les aumôneries : geste un peu provocateur pour lui faire comprendre qu'il fallait me trouver une autre affectation.

Et ce fut Saint-Éloi.

C'était un quartier en pleine rénovation, avec la ZAC de Reuilly. Les diaconesses dites « de Reuilly » étaient à proximité. L'église a été inaugurée en 1968. La construction est faite de poteaux métalliques et de verre. Elle est très sonore. En plus, elle est trop grande pour les assemblées d'aujourd'hui. Le presbytère est situé derrière le chœur. C'est une erreur parce que, pour les prêtres, il faut faire un détour s'ils veulent entrer par la grande porte. Le presbytère, lui aussi, est très sonore. Depuis, le quartier a été complètement rénové à l'emplacement de l'ancienne gare de Reuilly. Aujourd'hui, c'est un beau quartier. Mais il demeure celui d'une population modeste : on n'est pas loin du faubourg Saint-Antoine.

De quoi étais-tu chargé ?

Du lycée Arago, du collège Guy-Flavien, de l'école Boulle et d'une école catholique, Sainte-Clotilde. J'avais avec moi, comme stagiaire, un séminariste, Olivier Ribadeau-Dumas : il faisait son séminaire à Rome, mais il participait aux camps d'été. Je l'ai retrouvé plus tard : pour les JMJ de Paris, en 1997, Olivier Ribadeau-Dumas était responsable pour le diocèse de Paris.

Quand tu étais arrivé à Saint-François de Sales, il n'y avait pas d'aumônerie au collège Ronsard. À Saint-Éloi, c'était différent : l'aumônerie existait.

Elle existait, mais la succession était difficile. Je venais après des prêtres de renom : le père Anatrella, le père de La Morandais. Celui que je remplaçais devait aller à Saint-François-de-Sales, là où j'étais auparavant. Le moins qu'on puisse dire, c'est qu'il n'était pas enthousiaste. Je cherche à prendre contact avant la fin de l'année scolaire. La responsable d'aumônerie me dit : « Nous sommes en deuil. Le père s'en va, mais ne veut rien dire aux jeunes. Ils apprendront la nouvelle à la rentrée. » Elle ajoute qu'elle en profite pour m'annoncer sa démission. Quant au trésorier, il me dit que je n'aurais pas les clés et que les tiroirs sont fermés. Quand j'avance l'idée d'une rencontre avec les jeunes, j'entends qu'ils « n'ont rien à faire d'un lustigérien ».

Sympathique !

Dans ces conditions, j'ai hésité un moment : j'y vais, je n'y vais pas ? Finalement, j'y suis allé. Mais, à la messe de rentrée, tout le monde pleurait. J'ai quand même pu démarrer avec des parents que j'avais trouvés, et quelques jeunes.

Quel était le rapport avec la paroisse ?

L'aumônerie était dans le sous-sol de l'église. Nous animions régulièrement les chants à une messe paroissiale. Mais le curé, le père Bommelaer, trouvait que je n'étais guère présent. Il faut dire qu'avec l'aumônerie, j'avais en même temps la charge du Fraternel de Jambville et que je participais à l'équipe d'animation du Fraternel de Lourdes.

Que faisait-on à l'aumônerie ?

Les jeunes étaient autour d'une cinquantaine. Benoît Gschwind, qui est devenu assomptionniste par la suite, était le responsable laïc de l'aumônerie, avec une équipe d'animation. Une équipe de musique s'était constituée, le groupe Regard. Il y avait un séminariste en stage, du diocèse d'Amiens.

Nous avons organisé des fêtes, en particulier pour le 25e anniversaire de l'aumônerie. Je garde aussi le souvenir de débats passionnants entre le maire du XIIe arrondissement, M. Pernin, et un député, M. Farine, tous deux chrétiens mais de bords politiques différents. Nous rencontrions aussi le pasteur (protestant) du quartier. Nous préparions les temps forts, que ce soit le Frat de Jambville pour les plus jeunes ou celui de Lourdes pour les aînés.

Et l'été ?

L'été, nous faisions un camp, avec une bonne vingtaine de jeunes. Nous allions en Dordogne, pour trois semaines. La première semaine était consacrée à un chantier : une année, nous avons travaillé à la restauration d'une église ; une autre année, nous avons réhabilité un chemin communal. La deuxième semaine, nous préparions une pièce de théâtre. Entre le texte, les répétitions, les costumes, l'accompagnement musical, l'éclairage, il y avait du travail pour tout le monde. Enfin, la troisième semaine se passait à l'abbaye cistercienne d'Échourgnac. Nous logions dans une ferme, à quelques centaines de mètres de l'abbaye. La communauté était nombreuse, dynamique. Que ce soit par la prière liturgique ou la rencontre avec les sœurs, les jeunes étaient marqués.

Dans le lot qui t'avait été confié, il y avait aussi l'école et le collège Sainte-Clotilde.

Là, j'étais très bien reçu parce que ma grand-tante avait fondé la branche suisse de la congrégation. Les sœurs portaient encore des cornettes à tuyaux, mais, en dehors de cela, la pédagogie du collège était remarquable. La supérieure, aussi. Elle participait au conseil de la paroisse.

Depuis le concile des jeunes en 1974, Taizé exerçait un grand rayonnement auprès des jeunes, d'âge étudiant ou lycéen. Or, dans les années 1985-1990, tu étais aumônier de lycée. Tu connaissais Taizé, bien sûr.

J'y étais allé comme jeune, comme étudiant. Je m'y suis intéressé quand ils ont fait le premier rassemblement européen, à Paris, dans les derniers jours de décembre 1978. Depuis, j'y suis allé tous les ans jusqu'en 2015. Avec les Polonais, on est monté à 100 000 : c'était la seule occasion qu'ils avaient de sortir. En France, ce qui marche bien pour les jeunes, ce sont les week-ends, les semaines ou les petites vacances à Taizé, comme la Toussaint. Les aumôneries aiment bien y aller.

Dans ces années 1980, qu'est-ce que diffusait Taizé ?

Taizé diffusait, d'abord, des chants liturgiques qui se répandaient ensuite dans les aumôneries et les paroisses. Comme dans les mouvements du Renouveau, le chant tient une très grande place à Taizé pour créer un climat propre à la prière ou conduisant à la prière. Berthier leur a inventé des refrains simples mais pas vulgaires, en latin, qui pouvaient être repris indéfiniment, avec un accompagnement musical qui variait un peu et qui était assuré par un groupe auquel étaient invités à se joindre tous les instrumentistes présents sur le lieu. Les catéchèses parlaient de l'Église avec un certain flou, qui rendait le propos acceptable même à ceux qui rejetaient « l'institution », comme on aimait bien dire à l'époque. En fait, les jeunes pensaient que les frères étaient des prêtres. Frère Roger a toujours refusé de constituer une Église parallèle. Il renvoyait aux paroisses. Les autres thèmes, « lutte et contemplation », la réconciliation, l'unité, le pardon, la miséricorde, avec des mots simples, ont marqué des générations. Les frères ont une façon de parler tout à fait particulière : « comme c'est beau, comme c'est beau ! » C'est la marque de frère Roger.

À Taizé, on est logé et nourri, même sommairement. Mais, surtout, on est accueilli par une communauté de prière, qui est déjà là, qui vous précède. On peut remarquer que les autres grands rassemblements, en France, sont, eux aussi, statiques comme Taizé : Jambville, Lourdes, Paray-le-Monial. Par ailleurs, un catholique se sent très à l'aise à Taizé.

Oui, et de plus en plus durant les années dont nous parlons. Progressivement, les symboles de la liturgie catholique ont été de plus en plus utilisés. Une année, j'ai vu arriver un autel. Une autre année, un podium pour surélever l'autel. Puis, la croix. Au départ, les frères étaient tournés vers les jeunes pour parler avec eux. Puis est arrivé un ambon pour la lecture de la Parole, et les frères se sont tournés vers l'ambon. En plus, ils ont aménagé un lieu où des prêtres catholiques, en aube, pouvaient confesser. La présence des icônes et des bougies parlait aux orthodoxes, et même aux catholiques occidentaux qui ont adopté ce type de représentations. Frère Roger a toujours participé aux JMJ et, aux obsèques du pape Jean Paul II, il a communié des mains du cardinal Ratzinger, le futur pape Benoît XVI. Personnellement, quand j'allais à Taizé l'hiver, frère Roger m'emmenait dans sa chambre : il y avait le Saint-Sacrement. Avec la permission des papes successifs, disait-il. Il aimait beaucoup le cardinal Ratzinger et, devenu pape, Benoît XVI avait envoyé un représentant aux obsèques de frère Roger qui a été assassiné au début des JMJ de Cologne en 2005.

Il y a aussi la dimension internationale de Taizé.

Dans ses rassemblements, Taizé a un système de diffusion simultanée en plusieurs langues, absolument remarquable. Il ne faut pas oublier que, derrière la douceur de frère Roger, il y a la rigueur suisse. En plus, Taizé permettait d'aller aux périphéries, comme on dirait aujourd'hui :

périphéries de l'Église, périphéries des pays et des régimes, périphéries des religions. Taizé a joué un très grand rôle dans les relations avec les chrétiens, souvent clandestins, au-delà du « rideau de fer » : pendant longtemps, c'était la seule occasion que les jeunes catholiques de là-bas avaient de sortir. Depuis, ces frontières-là se sont assouplies. Mais les relations avec l'Afrique, l'Asie, l'Amérique latine restent très actuelles, même si les jeunes de ces pays-là ne peuvent pas venir en grand nombre aux rassemblements, quand ils se situent en Europe.

Paris a accueilli plusieurs fois le rassemblement de Taizé fin décembre. En particulier en 1994, quelques jours avant les JMJ de Manille.

Après Noël, le cardinal Lustiger était en retraite, dans le sud de la France. Le frère Roger a insisté pour qu'il soit présent à un moment de la rencontre. C'est assez cohérent avec la logique de Taizé : ne pas constituer un mouvement de plus, mais renvoyer les jeunes sur leurs communautés chrétiennes habituelles. Le cardinal est donc venu pour la veillée du 31 décembre au soir. Nous étions 80 000 à la porte de Versailles. L'entrée de frère Roger et du cardinal ne manquait pas d'allure : l'homme en blanc et l'homme en rouge.

Le lendemain, 1er janvier, qui était un dimanche, la messe était télévisée depuis l'église Saint-Eustache, toujours dans le cadre de la rencontre de Taizé. Frère Roger a prêché, mais Mgr Soubrier avait tenu à présider lui-même l'Eucharistie, même s'il y avait des frères de Taizé qui étaient prêtres catholiques.

Le rassemblement de 2017 s'est tenu à Bâle. Celui de 2018 aura lieu à Madrid. Nous n'avons pas encore parlé des JMJ, mais quel rapprochement ferais-tu entre Taizé et les JMJ ?

En tout cas, les frères participent toujours aux JMJ.

De même, ils étaient venus au Parc des Princes, en 1980. Comme ils étaient en blanc, le journaliste du Monde les avait pris pour des séminaristes.

Les premières JMJ
1985-1989

Si tu veux bien, laissons d'abord la parole à un pionnier des JMJ, Mgr Cordes.

Au cours de l'Année sainte (1983), différentes rencontres étaient prévues. Un ami de Communion et Libération proposa un moment proposé aux jeunes. Mais le bruit courait que les jeunes, même ceux qui étaient engagés dans les mouvements ecclésiaux, étaient en concurrence entre eux, sinon en opposition, et qu'il y aurait donc eu de fortes tensions. De plus, en 1975, une tentative pour organiser une rencontre de ce genre s'était péniblement terminée dans un grand chaos.

Malgré tout, vous avez relevé le défi.

En mars 1983 s'était ouvert à Rome le Centre international des Jeunes « San Lorenzo ». Divers mouvements de jeunes collaboraient à un projet commun dans ce Centre, proposant à tour de rôle un service d'accueil. Cette expérience positive nous rendit confiants. Nous avons donc relevé le défi aux Rameaux de 1984, pour la clôture de l'Année sainte, sur le thème : « Ouvrez les portes au Rédempteur ». L'événement connut un réel succès : 300 000 participants y répondirent. Les gens étaient contents et, nous, nous étions satisfaits, bien qu'à bout de forces. Répéter cette entreprise nous paraissait impensable. Mais l'ONU proclama l'année 1985 « Année internationale des jeunes ». L'été, le pape proposa une nouvelle rencontre à Rome. Heureusement, le mouvement des Focolari avait prévu un « Genfest » pour 1985 : ils annulèrent leur programme et mirent à notre disposition des personnes pour organiser cette rencontre qui rassembla 250 000 jeunes à Saint-Jean-de-Latran.

Et puis ?

Une fois la rencontre achevée, je m'étais rendu en Allemagne. J'étais épuisé. Or, le jour de Pâques, en écoutant l'homélie du Saint-Père à la télévision, je l'ai entendu annoncer son désir de célébrer chaque année une Journée mondiale de la jeunesse.

Pourquoi les jeunes répondent-ils à cet appel ?

Les jeunes veulent vivre l'aujourd'hui, goûter la joie, faire la fête ; ils désirent former des communautés, se sentir unis les uns aux autres ; enfin, ils cherchent une inspiration, un guide, une orientation chez des personnalités qui portent en eux la force du témoignage : parmi elles, le pape est l'une des plus crédibles. Un jour, au cours d'une visite du pape en Allemagne, une protestante déclara qu'elle voulait être là, parce que, disait-elle, « cet homme aime les hommes ; je le sens à sa voix ».

Depuis 1984, quelle est l'influence exercée par les JMJ sur la vie de l'Église ?

Le caractère périodique des JMJ est très important. L'homme change subjectivement, au fur et à mesure du temps qui passe. On ne peut pas vivre que de nourriture en boîte ; il faut de la nourriture fraîche pour affronter la vie. Le pape a déclaré : « Les papes passent ; la Journée mondiale doit demeurer. » Au début, le succès de la Journée a été possible grâce aux mouvements ecclésiaux qui se sont mobilisés au niveau mondial. La structure officielle ne s'est transformée que plus tard. Les pasteurs ont compris que la Journée de la Jeunesse est une impulsion pour donner vie à l'Église locale, un modèle pour vivre l'harmonie entre la dimension locale et la dimension catholique de notre Église[1].

1. Mgr Paul Josef Cordes, vice-président du Conseil pontifical pour les laïcs, *Popoli e Missione,* n° 6, juin 1994.

Dans ta propre vision, qui a inventé les JMJ ?

On peut dire que ce sont les jeunes eux-mêmes. En 1984, pour la clôture du Jubilé de la Rédemption, beaucoup de jeunes sont venus à Rome. Ils ont fait fête au pape : d'où l'idée de les inviter à revenir en 1985 pour les Rameaux. Le pape l'a dit clairement : « Notre rencontre de 1984 fit naître l'idée de la Journée mondiale de la jeunesse. » Il a même dit que c'étaient les jeunes eux-mêmes qui avaient inventé les JMJ. Il y avait eu aussi l'expérience du Parc des Princes, en 1980. Ensuite, pour chacun de ses voyages, le pape demandait : « Faites-moi un Parc des Princes. »

Sur ce sujet que je connais bien, je me permets de renvoyer le lecteur à l'annexe. Revenons aux premières JMJ.

Donc, la première Journée mondiale de la jeunesse, c'est à Rome, en 1985. Pour la France, les prêtres qui étaient impliqués étaient Bernard Violle et Michel Dubost. Bernard Violle était, par excellence, l'homme de confiance du cardinal Lustiger. Il l'avait chargé entre autres des pèlerinages. Michel Dubost était responsable des aumôneries de l'enseignement public pour Paris. Le temps était épouvantable. Les orages étaient si forts que les jeunes ont dû quitter leurs tentes et se réfugier dans les combles du palais de Saint-Calixte, là où logent quelques cardinaux. Deux ans plus tard, le pape a convoqué les jeunes à Buenos Aires.

Buenos Aires, dont le pape François a été l'archevêque.

À l'époque, il était, « seulement », jésuite. Il n'était même pas à Buenos Aires, mais curé d'une paroisse dans le diocèse de Córdoba. Cinq ans plus tard, l'archevêque de Buenos Aires le demandera comme auxiliaire, mais, en 1987, il était plutôt à l'écart. Il n'est pas sûr qu'il ait participé aux JMJ de Buenos Aires.

Alors, pourquoi Buenos Aires pour la deuxième JMJ ?

Parce que le patron du Conseil pontifical était un Argentin, le cardinal Eduardo Pironio.

C'est un personnage un peu oublié aujourd'hui. Mais je crois qu'il a tenu un rôle important dans l'histoire des JMJ.

C'était un homme très ouvert. Un homme bon. Il était le dernier d'une famille de quinze enfants, une équipe de rugby, disait-il. Il parlait assez bien le français. Dans les rencontres, il insistait toujours pour qu'on s'exprime, y compris si on n'était pas content, qu'on dise ce qui n'allait pas. Il avait sûrement un rôle important dans le choix des villes où auraient lieu les JMJ, mais il est difficile d'en dire plus.

Pour les JMJ de Paris, le cardinal Pironio et le cardinal Lustiger se sont opposés sur un point. La doctrine romaine était que les JMJ ne doivent être mêlées à rien d'autre. Le cardinal Lustiger, lui, voulait la béatification de Frédéric Ozanam et les baptêmes à la veillée du samedi. Dans la période préparatoire, Mgr Boccardo qui représentait le Conseil pontifical, soutenait, évidemment, la position romaine. Mgr Dubost, la position française : d'où quelques heurts. Le cardinal Lustiger aurait pu essayer de s'expliquer avec son confrère, le cardinal Pironio. Mais le cardinal Lustiger traitait directement avec le pape.

Finalement, Frédéric Ozanam a été béatifié et les baptêmes ont été célébrés. Le cardinal Pironio a été frappé d'un cancer. Il a beaucoup souffert et il est mort avant les JMJ de Paris, qui ont été ouvertes par son successeur, Mgr Stafford. Mais le cardinal qui a fait démarrer les JMJ, à la demande du pape évidemment, c'est Pironio.

Buenos Aires 1987 : personne n'en a entendu parler en France.

Effectivement. Pourtant, c'était l'été. Même le cardinal Lustiger n'y était pas. Il y avait sept Français. À leur retour, j'ai rencontré un garçon de l'Emmanuel, scandalisé par le manque de réaction en France.

Et lui, pourquoi était-il à Buenos Aires ?

Parce qu'il vivait à Rome et qu'à l'époque, à Rome, l'Emmanuel et le Chemin neuf étaient au courant de tout, alors qu'en France, on ne savait rien.

Tu as l'air de le leur reprocher ?

Je n'en veux pas aux mouvements du Renouveau ou aux Petits Gris, mais je ne trouvais pas normal qu'ils soient les seuls interlocuteurs de Rome, les seuls bénéficiaires des informations. Quand Rome organisait des réunions sur la pastorale des jeunes, les différents pays étaient représentés par des membres du Renouveau, présents à Rome en permanence. La dimension internationale était ainsi honorée, mais pas la réalité du terrain. Quant à la Conférence épiscopale française, les relations avec Rome n'étaient pas sa priorité. Le résultat était que Rome risquait d'enregistrer, pour la pastorale des jeunes dans les diocèses français, un certificat de décès.

D'une certaine façon, ton analyse corrobore ce que disait Mgr Cordes.

Les Journées mondiales de la jeunesse, vues de Rome par Mgr Renato Boccardo*

Préambules

La première rencontre fut le jubilé international des jeunes, célébré à Rome, sur la place Saint-Pierre du 12 au 14 avril 1984, au cours de l'Année sainte extraordinaire de la Rédemption. Une retraite aux flambeaux le long de la *Via della Conciliazione* ouvrit le Jubilé des jeunes : « Accueillez la joie, la liberté et l'amour de Jésus », leur a dit le Saint-Père. Deux jours après, plus de 300 000 jeunes remplissaient la place pour célébrer avec le pape leur Jubilé. « Éliminez le mal, choisissez la vie », leur dit le pape, les invitant à puiser dans le Rédempteur la force pour conduire l'humanité au début du IIIe millénaire.

Le 22 avril, au moment de la fermeture de l'Année sainte, le pape remit aux jeunes la grande Croix qui avait présidé les célébrations du Jubilé dans la Basilique vaticane : « Très chers jeunes, au terme de l'Année sainte, je vous confie le signe même de cette année jubilaire : la Croix du Christ ! Portez-la dans le monde, comme signe de l'Amour du Seigneur

---

* Responsable de la section « jeunes » au conseil pontifical pour les laïcs à partir de 1992, il joua un rôle capital dans la préparation des Journées de Denver, Manille, Paris et Rome. À partir de 2001, il fut responsable des voyages pontificaux. Il est aujourd'hui archevêque de Spolète-Nursie.

Jésus pour l'humanité, et annoncez à tous que dans le Christ seul, mort et ressuscité, sont le Salut et la Rédemption ». Un geste simple, concret, mais chargé de conséquences et de valeurs symboliques : la Croix est placée au centre de la vie des jeunes, devenant « la Croix des jeunes ».

Ainsi commence un événement qui se mêlera étroitement à celui des Journées mondiales de la jeunesse, mais qui aura, en même temps, une vie autonome et extraordinaire : depuis, cette Croix a fait plusieurs fois le tour du monde et a présidé aux grandes rencontres des jeunes avec le pape. Son pèlerinage constitue un parcours qui, à divers niveaux – local, diocésain, national, international – implique des centaines de milliers de jeunes. Il leur est proposé d'accueillir la Croix, « première lettre de l'alphabet de Dieu », et de s'arrêter auprès d'elle, en ce long chemin de la vie, pour reprendre souffle et amour : souffle pour continuer et amour pour comprendre. La croix est le Crucifié : et sur la Croix, en réalité, se rencontrent la misère de l'homme et la miséricorde de Dieu.

L'année 1985 a été proclamée par les Nations Unies « année internationale de la Jeunesse ». Il ne s'était pas écoulé une année, depuis le Jubilé des jeunes, mais on décida pourtant, de reproposer une grande rencontre à Rome, les 30 et 31 mars. « Vous êtes appelés à construire la Paix » : aux jeunes de soixante-dix pays, réunis place Saint Jean de Latran, le pape parla de la participation à tous les niveaux à laquelle les nouvelles générations sont appelées. « Nous voulons faire de la paix dans le monde notre engagement permanent », fut le message de Jean Paul II. « Nous ne voulons pas passer le seuil du IIIe millénaire en marchant derrière des canons et des ruines ».

Encore une fois, plus de 300 000 jeunes provenant du monde entier participèrent aux célébrations. Après une nuit au cours de laquelle eurent lieu trois veillées de prière, ce fut, dans la matinée du 31 mars, le grand rassemblement place Saint-Pierre pour célébrer le dimanche des Rameaux. Là, le pape fit une annonce surprise : une lettre apostolique particulière, adressée à tous les jeunes, dans laquelle il reprenait avec vivacité et fraîcheur les thèmes centraux de son magistère, montrant, encore une fois, combien le monde des jeunes était l'interlocuteur privilégié de sa mission pastorale.

Il développa une longue et passionnante conversation avec les jeunes, qui est constituée, pour une grande partie, d'un commentaire de l'épisode de l'évangile où Jésus rencontre le jeune homme riche (cf. Marc 10, 17-22 ; Matthieu 19, 16-22 ; Luc 18, 18-23.) thème qui sera repris par Jean Paul II dans d'autres documents importants comme l'encyclique *Veritatis splendor*.

Un message engagé et plein d'espérance à travers lequel le Saint-Père rappelle combien l'Église attribue à la période de la jeunesse une importance particulière, parce qu'en elle réside une espérance pour le futur de l'humanité et pour l'Église elle-même. De manière significative, le pape ne parle pas seulement aux jeunes chrétiens, à qui est dédié un paragraphe final, mais il invite tous les jeunes du monde, quelles que soient leurs convictions religieuses, à construire la paix dans la solidarité, à se préparer pour affronter ensemble les défis du siècle nouveau et à s'engager à construire ensemble la nouvelle civilisation de la vérité et de l'amour.

C'est un point particulièrement important car les Journées mondiales elles-mêmes ne s'adressent pas exclusivement aux chrétiens ou aux catholiques, mais à tous les jeunes de bonne volonté. Il n'a pas manqué, dans le long pontificat de Jean Paul II, de rencontres inhabituelles pour un pape, mais qui révéleront son attention pour tout le monde des jeunes : nous pouvons citer, entre autres, la rencontre avec les jeunes marocains dans le stade de Casablanca le 19 août 1985 et celle qui eut lieu avec les étudiants de l'université islamique Al-Azhar du Caire, le 25 février 2000.

L'institution

Le 20 décembre 1985, au cours des vœux de Noël, au collège des Cardinaux et à la Curie, faisant précisément référence à la rencontre du mois de mars précédent, le Saint-Père annonça l'institution de la Journée mondiale de la jeunesse : « Le Seigneur a béni cette rencontre d'une manière extraordinaire. Aussi, pour les années qui viennent, est instituée la Journée mondiale de la jeunesse qui sera célébrée le dimanche des Rameaux avec la collaboration du conseil pour les laïcs... »

Dans le même discours sont définies avec précision les lignes pastorales, éducatives et, pourrait-on dire, existentielles que les Journées devront suivre : « Tous les jeunes doivent se sentir suivis par l'Église : parce que toute l'Église, en union avec le successeur de Pierre, se sent toujours engagée de la manière la plus grande, au niveau mondial, en faveur de la jeunesse, de ses préoccupations et de ses besoins, de ses ouvertures et de ses espérances, pour correspondre à ses attentes, communiquant la certitude qu'est le Christ, la vérité qu'est le Christ, l'amour qu'est le Christ, à travers une formation adaptée qui est la manière actuelle et nécessaire de l'évangélisation. Les jeunes attendent ; ils sont déçus de trop de désillusion sur le plan de la vie civile, sociale et politique ; ils jugent avec des yeux pleins de clarté et d'exigence ; à la fin de cette année, on note ici ou là des symptômes d'une attente plus grande qui ne doivent pas être découragés par l'Église qui regarde les jeunes avec espérance et amour ».

Dans un message adressé aux participants à une session d'étude sur la Journée mondiale de la jeunesse en 1995, Jean Paul II affirmera : « Les Journées, accueillant une initiative, partie des jeunes eux-mêmes, sont nées du désir de leur offrir des "moments significatifs de pause" dans le pèlerinage constant de la foi, qui s'alimente aussi à travers la rencontre de jeunes d'autres pays et par la confrontation avec leurs expériences respectives. La finalité principale de ces Journées est de ramener au centre de la foi et de la vie de chaque jeune la personne de Jésus, afin qu'Il en devienne le point de référence constant et pour qu'il soit aussi la vraie lumière de chaque initiative et de chaque engagement éducatif envers les nouvelles générations... Les jeunes sont ainsi périodiquement appelés à se faire pèlerins sur les routes du monde. En eux, l'Église se contemple elle-même et voit sa mission parmi les hommes ; avec eux, elle accueille les défis de l'avenir, consciente que l'humanité entière a besoin d'une jeunesse renouvelée par l'Esprit. Ce pèlerinage du peuple jeune construit des ponts de fraternité et d'espérance entre les continents, les peuples et les cultures. C'est un chemin toujours en actes. Comme la vie. Comme la jeunesse ».

Le forum

En même temps que la Journée mondiale de la jeunesse, naît le Forum international des jeunes : il s'agit d'une rencontre organisée par le Conseil pontifical pour les laïcs, d'une durée de quelques jours. Y sont invités deux jeunes représentants de chaque conférence épiscopale, ainsi que des délégués des plus importants groupes, mouvements et associations de jeunes catholiques. Avec eux, un nombre de non catholiques venus de différentes parties du monde, qui travaillent dans le champ de la pastorale des jeunes : ils suivront avec attention les travaux comme « observateurs » et y donneront leur contribution comme « témoins » de notre temps.

Le forum n'est pas un congrès ni un séminaire d'études : c'est une expérience de foi, la possibilité de connaître l'Église dans sa dimension universelle, un temps d'écoute, de recherche et de dialogue pour confirmer le projet et la volonté de devenir chaque jour disciple de l'unique Maître ; c'est une occasion unique de formation pour tous ceux qui sont appelés à prendre une responsabilité dans le domaine de la pastorale des jeunes. Quelques jours de vie commune, caractérisés par des témoignages parfois très tristes de jeunes qui rendent compte de la réalité dure et exaltante de notre époque, de leur Église locale et de leur pays, mais aussi un temps marqué par un partage dans une prière profonde et recueillie.

Déroulement

Au cours des années, ces Journées se sont peu à peu structurées en une série d'éléments constitutifs : l'accueil (avec la cérémonie d'ouverture), trois jours de préparation avec les catéchèses et le « festival de la jeunesse », le chemin de croix et le temps pénitentiel, la veillée et la messe finale. Parfois, comme à Rome, par le pèlerinage jubilaire à la Porte Sainte, ou à Cologne par l'Arc des Mages, un pèlerinage particulier a été inséré dans le programme.

Chacun de ces éléments a une fonction dans l'ensemble de la Journée mondiale.

L'accueil est le moment de la rencontre entre les hôtes et les jeunes provenant du monde entier. La plupart du temps, cela se fait par l'accueil dans les diocèses du pays où a lieu la Journée mondiale. Les pèlerins sont accueillis, commençant à connaître la réalité dans laquelle se déroule la Journée, ils sont accompagnés par les jeunes de leur âge afin de découvrir, dans la différence des cultures, des habitudes et des traditions, la même substance de la foi chrétienne.

Au cours des trois jours suivants, les catéchèses se déroulent dans les diverses langues des participants. C'est un moment important parce qu'il constitue la rencontre entre les jeunes et leurs évêques, compagnons de voyage « spéciaux » : ceci mettra en valeur, dans la célébration extraordinaire qu'est la Journée « mondiale », l'élément de l'Église locale.

Durant ces mêmes Journées, se dérouleront les manifestations culturelles et spirituelles organisées par les jeunes eux-mêmes, le « Festival de la jeunesse » : musiques diverses, théâtre, art, mais aussi prière, veillée, réflexion, des centaines de manières pour s'exprimer et pour se rencontrer dans les langues les plus diverses.

Le vendredi est le moment du chemin de croix et du sacrement de la réconciliation : « La croix est une clé, rappelle Jean Paul II. Aujourd'hui et demain, avec l'aide de cette clé, l'homme ouvrira la porte de la profondeur du mystère de Dieu et saura que Dieu est Amour. »

Le samedi est prévue la veillée avec le pape. Chaque veillée a ses caractéristiques propres : elle peut être une célébration baptismale, comme à Paris ; un profond dialogue avec quelques jeunes qui témoignent de leur foi ; elle peut être aussi un feu d'artifice comme à Rome. Mais l'élément central a toujours été la parole du pape. Et non seulement la parole : car Jean Paul II ne se limitait pas à parler ou à écrire aux jeunes : il les rencontrait, il priait avec eux, il chantait avec eux ; de manière évidente, avec les jeunes, il se trouvait à son aise, il était bien avec eux.

La célébration eucharistique constituait à la fois le moment final et le cœur de chaque Journée mondiale. Le geste de paix final avait lieu en la présence même de Jésus ; le moment est solennel, les paroles deviennent engageantes, le sacrifice eucharistique « consacre », en quelque sorte, la réponse des jeunes au Seigneur et le mandat qu'ils reçoivent : « Vous porterez l'annonce du Christ dans le nouveau millénaire. Retournant chez vous, ne vous dispersez pas. Confirmez et approfondissez votre adhésion à la communauté chrétienne à laquelle vous appartenez » (Rome 2000).

Connivence

La prédilection du pape pour les jeunes est si évidente qu'elle révèle les jeunes à eux-mêmes. Comment pourraient-ils résister à quelqu'un qui les définit, comme à Tor Vergata en 2000, « ma joie et ma couronne » ? C'est une paraphrase de Philippiens 4, 1. Entre eux s'établit un rapport de symbiose : les jeunes savent que le pape reprend des forces quand il les rencontre. « Si tu vis avec des jeunes, tu dois, toi aussi, redevenir jeune. » Aussi repartait-il rajeuni. Et de même, en sa présence, leur recherche d'amour et de vie semblait se répandre au-delà des limites de l'espace et du temps pour rejoindre la joie véritable.

L'impact du pape sur les jeunes prenait sa source essentiellement dans une double conviction : il faut que « l'Église ait une profonde compréhension de ce qu'est la jeunesse, de l'importance qu'elle revêt pour chaque homme » et que « les jeunes connaissent l'Église, qu'ils voient, en elle, le Christ ».

« Si vous étiez ce que vous devez être, vous mettriez le feu au monde ! ». C'est précisément ce que les jeunes ont besoin de s'entendre dire : ils aspirent à transfigurer le monde et la société, bien que la culture prédominante leur propose la sécurité de la consommation, le grand discours sur le respect de la différence ou la destruction anarchique. Les jeunes veulent se sentir désirés, laisser une trace et trouver leur place dans le monde « vrai », alors que le système leur offre des programmes préfabriqués ou des études universitaires infinies.

Le pape, au contraire, invite les jeunes réunis autour de lui à s'interroger, à se demander pourquoi, à découvrir qui ils sont. Il les engage à avoir le courage de s'engager pour faire la vérité, de ne pas étouffer la conscience, noyau le plus secret et sacré de l'homme. Il leur dit qu'ils ont raison de demander que la vérité soit incarnée, concrète, dans la joie comme dans la douleur, ici et maintenant. Il leur demande de communiquer aux autres, aux quatre coins du monde, l'expérience ineffable de la sainteté de Dieu : « l'Église a besoin de chacun de vous... Le monde a besoin de vous ».

Si l'on relit les principaux thèmes des messages et des interventions de Jean Paul II pour les Journées mondiales, il en émerge quelques indications claires, toujours avec la même logique. Il manifestait un grand respect dans sa manière de s'adresser aux jeunes. Il montrait qu'il connaissait leur réalité, leur sensibilité, leur vie, afin d'incarner l'annonce de l'Évangile, avant de tracer des chemins de conversion personnelle et communautaire. Son regard sur les jeunes est toujours très positif, et pourtant non privé de réalisme.

Les catéchèses que le pape présente sont toujours riches : c'est tout l'Évangile. Mais il y a des thèmes qui reviennent de manière significative : l'idée que le futur de l'humanité dépend d'eux, que le troisième millénaire s'offre aux jeunes avec un réalisme qui provoque, que la paix du monde est dans leurs mains et dans leur cœur, qu'il est urgent de prendre des options fondamentales face aux valeurs essentielles et de savoir donner au monde raison de notre propre espérance. « Soyez toujours prêts à répondre à qui vous demande raison de l'Espérance qui est en vous. » De l'espérance qui est à la racine même de la jeunesse comme projet de vie ; de l'espérance qui naît de la certitude que le Christ est ressuscité et vivant.

L'image qui peut synthétiser la longue histoire des journées mondiales de la jeunesse est celle du moment où Jean Paul II, le soir du 19 août 2000, au début de la veillée sur la grande prairie de Tor Vergata, main dans la main avec cinq jeunes des cinq continents, franchit la grande « Porte » sous le regard du Christ crucifié et ressuscité. Dans son livre *Vers le seuil de l'Espérance*, il a écrit qu'il « n'est pas vrai que le pape a conduit les jeunes d'un point à l'autre du globe terrestre. Ce sont eux, les jeunes, qui l'ont conduit. Et alors même que ses années augmentent, ce sont eux qui l'ont exhorté à être jeune ». Spontanément, surgit de cette photographie comme la synthèse de la pastorale des jeunes, réalisée par Jean Paul II tout au long de son pontificat : conduire par la main les jeunes générations vers le IIIe millénaire, leur indiquant le chemin qui mène au Christ, « le même hier, aujourd'hui et toujours » (Hébreux 13, 8). Et il est beau de se souvenir qu'au même moment, les jeunes ont accompagné et presque soutenu le pape au long de son pèlerinage apostolique à travers le monde.

Visite ad limina
1989

Si on regarde ta biographie, à partir de la rentrée 1988, tu fais partie de l'équipe diocésaine pour l'aumônerie de l'enseignement public.

En février 1989, avec Jacques Vallet, qui en était le responsable, Pascal Gollnisch et Françoise Pelet, l'équipe du Bureau des aumôneries, on a décidé d'aller nous-mêmes à Rome. Nous voulions expliquer, de vive voix, ce que nous faisions sur Paris et les diocèses d'Île-de-France. En 1983, nous avions publié un livre sur le Frat, *Regardez bien, nous grandissons !* (édité chez Fayard), mais il commençait à dater, et rien ne vaut une rencontre.

Le cardinal Lustiger était au courant ?

Évidemment. Sa venue n'était pas nécessaire, mais il nous a encouragés. Il m'a même donné un col romain et une chemise adaptée. Je les ai toujours : ce sont presque des reliques. Mgr Frikart a fait de même pour le père Vallet. Le père Gollnisch, allant souvent en Pologne, était déjà équipé. J'avais simplement demandé au cardinal de nous obtenir une messe avec le pape : ce qui fut fait.

À Rome, vous avez été bien reçus ?

Nous avons pris contact avec la Section française de la Secrétairerie d'État et les médias romains, radio et télévision. Une rencontre qui nous a beaucoup surpris, ce fut à la congrégation pour la liturgie : le monsignore qui nous a reçus était un Breton. Il était très curieux et très ouvert à ce que nous pouvions lui raconter. Il avait dans la tête de proposer des prières eucharistiques pour les jeunes, comme il en existe pour les assemblées « avec enfants ».

Mais le but du voyage, c'était, sans doute, d'aller au Conseil pontifical pour les laïcs, et plus précisément, à la section « Jeunesse ».

Le secrétaire, Mgr Stanislas Rylko, nous a bien écoutés. Entre autres, nous lui avons parlé du Frat. À l'époque, le Frat de Jambville réunissait 5 000 à 6 000 jeunes. Mgr Rylko pensait que c'était pour toute la France. J'ai rectifié : non, c'est seulement pour l'Île-de-France. Entre France et Île-de-France, la confusion est facile. Après notre présentation du Frat, Mgr Rylko répond : j'aimerais bien voir. Je l'ai donc invité : le Frat de Jambville avait lieu quelques semaines plus tard. Il a accepté. Le Frat a payé le billet.

Il est donc venu ?

Oui, et tous les évêques d'Île-de-France, à cette occasion, sont venus aussi. Tous en col romain. Mgr Rylko est très bien entré dans le coup. Ne serait-ce que par la tenue, de plus en plus décontractée. À la fin, il portait un tee-shirt noir, avec le crocodile de Lacoste. Il serait intéressant de comparer ses deux interventions, à l'arrivée et au départ. Il était très content de sa découverte. En partant, il nous a invités, comme invités d'honneur, à Compostelle, pour les JMJ de l'été. J'y suis allé avec le père Vallet.

À partir de quand es-tu mêlé aux JMJ ?

En 1989, à Compostelle. C'est cette année-là que je suis entré dans le processus des JMJ, avec Jacques Vallet. Je voulais que les aumôneries de lycée soient dans le coup. Il y avait aussi un groupe d'étudiants, emmené par le père Jacques Gagey. Je me rappelle que je portais une chemise verte.

La chemise scoute ?

Pas du tout. Une chemise à la mode de l'époque.

Les jeunes ont gardé un grand souvenir du chemin de Compostelle.

Certes, mais il faisait tellement chaud qu'ils buvaient n'importe quelle eau. L'eau de la ville n'avait pas été chlorée. Le résultat fut une « tourista » généralisée. Un tiers des jeunes était malade et les deux autres tiers soignaient le premier. Même le cardinal Lustiger était touché.

Le père Dubost était toujours de la partie ?

Oui, mais sur la route de Compostelle, nous avons appris qu'il était nommé évêque aux Armées. Il n'est donc pas allé jusqu'à Compostelle.

Avec le départ du père Dubost, tu prends en charge le groupe ?

Non, ce n'est pas moi. À la fin de la Journée elle-même, j'ai voulu rencontrer Mgr Rylko, le secrétaire du Conseil pontifical pour les laïcs qui nous avait si bien reçus à Rome et qui nous avait invités personnellement à Compostelle. C'était lui, le véritable organisateur, avant Mgr Boccardo. Autour d'une langouste, au bord de la mer, j'ai essayé de lui expliquer la pastorale des jeunes en France.

J'en ai profité pour lui donner mon point de vue sur les JMJ. À l'époque, les catéchèses étaient données par des personnalités en vogue. J'ai dit à Mgr Rylko que c'était aux évêques de donner les catéchèses : c'est leur ministère, leur « boulot » pour parler familièrement. En plus, c'est une manière de les faire venir : ils auront quelque chose à faire. C'est ce qui s'est passé dès la fois suivante, à Czestochowa.

En plus, je lui ai suggéré d'organiser à Rome des réunions préparatoires avec les responsables des délégations nationales et pas seulement ceux des mouvements présents habituellement à Rome.

Enfin, j'ai émis l'idée que les JMJ comportent un chemin de Croix, puisque le lien, d'une JMJ à l'autre, est la croix de l'Année sainte. Je crois que, depuis, ils ont ajouté une icône.

L'arrivée, à Compostelle même, n'a pas été une réussite, je crois.

Les chanoines de Compostelle, à l'époque, ne prenaient guère d'initiatives pour l'accueil des pèlerins. Quant au site du rassemblement, il était éloigné et couvert de latérite rouge. On avait tous l'air de Peaux-Rouges et on crevait de soif. Par un coup de vent, même le pape a été couvert de poussière rouge.

Le CEP
1991-1997

Revenons à Paris. Tu seras resté cinq ans à Saint-Éloi : de 1985 à 1990. Dans le même temps, tu es responsable du Frat et les Journées mondiales de la jeunesse commencent à décoller.

À Saint-Éloi, je m'énervais un peu. J'avais envie de changement. En 1990, j'ai été envoyé à Saint-Vincent-de-Paul pour six ans. Je n'y suis resté qu'un an, alors que je m'y trouvais très bien. Le père Gollnisch a souhaité que je le rejoigne à Saint-Germain-des-Prés pour l'aumônerie des étudiants, le Cep. J'y suis arrivé en septembre 1991.

C'est de cette époque que date la messe de rentrée des étudiants à Notre-Dame ?

Quand je suis arrivé au Cep, la messe de rentrée avait lieu à Saint-Germain-des-Prés, un dimanche soir. Elle était présidée par le père Armogathe, directeur du Cep. En Région, avec les autres aumôniers du Cep, prêtres et religieuses, nous avons proposé, et fait adopter, que la messe de rentrée ait lieu un dimanche soir, autour de la fête de Saint Albert le Grand, maître Albert ou « Maubert » (15 novembre). La messe aurait lieu à Notre-Dame de Paris, concélébrée par tous les évêques d'Île-de-France et présidée par le cardinal. Effectivement, au début, tous les évêques d'Île-de-France étaient là. À la fin de la messe, les étudiants pouvaient prendre contact avec leurs aumôneries, qui avaient, chacune, son stand dans une des chapelles. Dès la première année, ce fut un succès, si l'on peut dire.

Cela continue ?

Oui : j'ai pu le constater quand j'ai été, pendant treize ans, recteur de la cathédrale (2003-2016). C'est le rassemblement d'étudiants catholiques le plus nombreux de l'année. Beaucoup de jeunes prêtres viennent aussi, parce qu'ils accompagnent des groupes paroissiaux ou autres. Inversement, les évêques ne viennent plus : ils ont l'impression que s'ils ne président pas, leur présence n'est pas nécessaire. Elle n'est peut-être pas nécessaire, mais elle est significative. Un des points forts de cette messe de rentrée, c'était la qualité musicale. C'est toujours le cas. On voit la différence avec le Frat : à Jambville ou à Lourdes, ils abusent des décibels. Mais Notre-Dame n'est pas le Zénith.

Quand tu étais au Cep, tu t'occupais plus particulièrement de quel centre universitaire ?

De Nanterre, où je succédais au père Danty-Lafrance.

Comme tu le sais, j'ai été responsable du Cep, de 1969 à 1979. À l'époque, le statut était régional. Le Cep était une structure autonome : l'ensemble des aumôniers avaient en charge l'ensemble des treize universités, à l'exception d'Orsay et de quelques CHU. Nous nous répartissions les tâches, entre nous, comme nous pouvions. En Île-de-France, il n'y avait qu'une seule autre structure régionale : l'aumônerie des hôpitaux psychiatriques. La station RER de Nanterre s'appelait, à l'époque, « Nanterre-La-Folie », mais ce n'était pas à cause de l'université.

Effectivement, quand je suis arrivé au Cep, la structure était régionale : les aumôneries ne dépendaient pas directement du diocèse où se trouvait le centre universitaire concerné. J'ai milité auprès du cardinal pour que, désormais, les aumôneries soient prises en charge par les diocèses. Ce fut le cas, notamment, pour Nanterre. J'ai donc quitté cette aumônerie. Le nom générique de « Cep » ne concernait plus que les aumôneries situées dans le diocèse de Paris : Sorbonne, Jussieu, Assas, Dauphine. Le Cep Saint-Germain-des-Prés formait une cinquième branche.

Nanterre : il fallait les trouver, les locaux de la communauté !

En plus, l'environnement n'était vraiment pas gai. Depuis la gare du RER, une nuit, avec quelques étudiants, dont plusieurs étudiantes, nous avons peint des « pas jaunes » qui menaient à la communauté. Une ronde de police est passée. Nous avions eu le temps de planquer les pinceaux. Ils n'ont pas été dupes mais ils nous ont laissés faire. Ce soir-là, j'avais mis un col romain.

Qu'as-tu fait à Nanterre ?

Je n'étais pas seul : j'avais avec moi le père Ducornet et une laïque consacrée. Quand j'y étais, il y avait des groupes : Bible, questions morales, préparation des temps forts. Nous célébrions la messe trois fois par semaine.

À part Nanterre ?

J'ai créé une petite aumônerie à Clignancourt, avec Françoise Pelet. Dans une blanchisserie. J'avais été étudiant à Clignancourt. Nous réunissions une vingtaine de jeunes.

On dit que les jeunes changent tous les trois ans.

Il faudrait peut-être même dire tous les deux ans. Le plus repérable, c'est dans la musique et l'informatique. Mais cela vaut aussi pour le cinéma, les livres etc.

Tu es resté au Cep jusqu'en 1997. Tu étais arrivé comme adjoint du père Armogathe, mais tu as pris rapidement sa succession. Dans les dernières années, tu devais être plutôt occupé par la préparation des JMJ de Paris.

Je m'occupais beaucoup de la préparation de Chartres. Tout au long de l'année, l'équipe centrale réunissait chaque mercredi le père Legavre, s.j., trois étudiants et moi. Une fois par mois, avait lieu la réunion de l'Équipe régionale de Chartres : chacune des quinze routes envoyait à la réunion son aumônier et un responsable. Avec l'équipe centrale, une bonne trentaine de personnes dans la grande salle du palais abbatial de Saint-Germain-des-Prés.

Entre tes années au Cep et ton arrivée à Montmartre, il y a un quart de siècle.

Ce qui me frappe dans la génération de ceux que je vois actuellement, c'est qu'ils sont extrêmement naïfs. On disait que les jeunes d'aujourd'hui, avec tout ce qu'ils voient, tout ce qui se passe dans le monde, seraient des générations dures. Moi, je les trouve plutôt naïfs.

Je pense à un jeune qui était prêt à s'embaucher comme barman, dans le XVIIIe arrondissement, tous les jours entre 20 heures et 3 heures du matin. Il ne s'était pas demandé s'il pourrait suivre ce rythme, tout en continuant ses études et, surtout, s'il se sentait d'attaque pour affronter les problèmes qui ne manqueraient pas de se poser dans un bar, à cette heure-là. Il y en a plein qui s'embarquent dans des galères pas possibles.

Parmi les jeunes catholiques, un certain nombre aime bien ce qui est un peu « tradi », même s'ils ne comprennent pas un mot de latin. Politiquement, la plupart sont désemparés.

Influences et collaborations

Je reviens en arrière. Dans ton orientation vers le sacerdoce, qu'est-ce qui avait le plus joué ?

Sans doute, l'exemple de prêtres diocésains qui enseignent, qui accompagnent, qui aident à discerner, qui encouragent à se prendre en main et à grandir. Des hommes qui sont eux-mêmes des êtres courageux. J'ai appris, par la suite, à connaître des religieux remarquables, mais, au départ, mon modèle était le prêtre diocésain.

Tu as parlé de l'aumônier scout. Et après ?

Le supérieur des Couëts ; le vicaire de Saint-Clair, Marc Boutin ; l'aumônier de l'externat, le père Leconte ; le père Goudey, à Issy-les-Moulineaux, qui faisait l'introduction au Mystère chrétien. Le père Soubrier, qui a été supérieur du second cycle à Issy, après le père Marcus : en lui, j'ai retrouvé ce que j'avais apprécié chez le père

Loiseau. Je l'ai bien connu, car j'étais délégué des séminaristes. Il m'est arrivé, une fois, de déchirer l'ordre du jour d'une réunion, qu'il avait préparé. En creux, ce qui m'a marqué, c'est le départ des professeurs.

Au séminaire, notre équipe était accompagnée par le père Pitaud, puis par Jean-Noël Bezançon, même après la sortie du séminaire. Si j'anticipe, à Saint-Lambert, Jean Romary, un grand bonhomme ; les deux aumôniers de la JIC et de la JICF, Rémi Leproust et Alain Bruneau ; à Montrouge, Dominique Aubert et Joseph Charles.

Et la collaboration avec les laïcs ?

J'ai commencé à l'apprendre quand j'étais scout et que mon père était chef de district : je voyais défiler à la maison des aumôniers qui venaient discuter avec mon père. D'un autre côté, j'avais l'expérience de la JIC où j'ai eu des responsabilités avant d'entrer au séminaire et pendant le séminaire. La collaboration entre prêtres et laïcs, je l'ai donc expérimentée avant d'être prêtre.

L'aumônerie de lycée, c'est une autre forme de collaboration entre prêtres et laïcs.

Dans mes années, la question était chaude. Elle était au cœur de l'opposition entre Mgr Lustiger, dès son arrivée, et le père Guy de Lachaux.

Il y a la collaboration entre prêtres et laïcs. Mais la collaboration entre prêtres, ou entre laïcs, n'est pas forcément plus facile.

Elle ne va jamais de soi. Même les aumôniers des sections masculine et féminine d'un même mouvement pouvaient avoir de la peine à s'entendre. J'ai retrouvé la question, bien plus tard, quand j'ai été nommé à Initiatives Jeunes. Il a fallu deux ans pour que les responsables des différents mouvements scouts acceptent de se réunir pour une messe à Notre-Dame. Le problème n'était pas seulement entre les différentes orientations du scoutisme, mais aussi entre branche masculine et féminine, celle-ci craignant l'hégémonie des garçons. Y aurait-il un emplacement distinct pour chaque mouvement ? Quels seraient les chants ? Les Guides de France ne voulaient pas du chant de la promesse scoute. Il n'était donc pas prévu dans le programme. La cathédrale était archi-comble. À ma demande, le cardinal a fini son homélie en entonnant le fameux chant de la promesse : tout le monde a chanté, et de bon cœur. On se fait souvent des montagnes pour des questions qui n'en valent pas la peine.

Finalement, pour un prêtre, comment caractériser la collaboration avec d'autres prêtres et la collaboration avec des laïcs ? Comment dépasser une simple collaboration et aller vers une forme de communion ?

Qu'il s'agisse de cela ou de la relation entre jeunes et adultes, la vraie question est celle de la confiance. Dans « confiance », il y a « foi ». C'est pareil pour la relation avec les religieuses. Les relations, bonnes ou moins bonnes, ne dépendent pas des congrégations, mais des personnes. Ici, à Montmartre, les rapports sont excellents avec les Bénédictines.

Quel est ton meilleur souvenir de collaboration ?

Pour moi, un très bon souvenir a été l'équipe centrale de Chartres, pour le pèlerinage : quinze étudiants et quinze prêtres, dont des jésuites et des dominicains, et non des moindres. Pour l'exécutif, nous étions cinq : trois étudiants, le père Legavre, jésuite, et moi. Nous nous réunissions toutes les semaines, le mercredi. Nous allions d'abord manger une pizza : la collaboration doit commencer à table. Pour moi, les années à l'aumônerie étudiante furent un temps de collaboration apaisée entre prêtres et laïcs, entre jeunes et moins jeunes.

Avec la confiance, il faut aussi de la distance, au moins du discernement. Mais la confiance peut aller jusqu'à l'amitié. Pour moi, par exemple, avec Mgr Pollien. La crosse de Mgr Aupetit est celle de Mgr Pollien : de l'ancien auxiliaire du cardinal Lustiger, elle est passée à l'archevêque actuel. C'est un assez beau symbole, car le cardinal avait grande confiance en Michel Pollien pour tout ce qui concernait le monde populaire. Il avait beaucoup insisté pour qu'il accepte d'être évêque.

Czestochowa
1991

En 1989, lors des JMJ de Compostelle, le « rideau de fer » était encore baissé.

Mais il y avait quand même quelques Polonais. Pendant le trajet du retour, ils ont commencé à nous dire que ça bougeait à l'Est et que le « rideau de fer » s'entrouvrait. Ce n'était pas encore la chute du Mur, à Berlin, en novembre, mais des citoyens d'Europe de l'Est commençaient à gagner l'Autriche en passant par Prague.

Quelques mois après Compostelle, le Mur tombe et, aux Rameaux 1990, Jean Paul II annonce que les JMJ de 1991 auront lieu à Czestochowa. Tu t'en occupes ?

Sans être responsable, j'assistais, tous les deux ans, au Frat de Lourdes. J'y étais donc en 1990. En le conduisant à Pau pour prendre l'avion, sous un orage terrible, le cardinal me dit approximativement ceci : les prochaines JMJ auront lieu à Czestochowa ; tu prends quelques copains d'Île-de-France et vous montez un module pour Czestochowa ; tu n'auras pas de nomination ; tu n'auras pas de budget ; il faut que ça passe ; il ne faut pas que ça casse.

Qui ont été les premiers « copains » ?

Gollnisch, Ribadeau-Dumas, Lebrun, de Saint-Denis, Marion, de Nanterre, Didier Le Riche. On avait un peu plus d'un an devant nous, mais sans budget. C'est le budget du Cep qui a servi au début, avant que les cotisations n'arrivent. Pour cela a été créée une association nouvelle, « La Marche de l'Île-de-France », les Polonais parlant de la « trasa » pour désigner le pèlerinage à Czestochowa.

Les évêques d'Île-de-France étaient au courant ?

Le cardinal ne leur en avait pas parlé, et moi-même, puisqu'il n'y avait pas de nomination officielle, je n'étais pas habilité à prendre contact avec eux. Tant et si bien que j'ai reçu une véritable volée de bois vert de leur part, une lettre signée des évêques de Créteil, Nanterre, Versailles, Meaux, Évry, Saint-Denis, Pontoise et des vicaires généraux correspondants. Il y avait même la signature de Mgr Soubrier, auxiliaire du cardinal Lustiger.

Sur quoi portait la critique ?

À la fois sur Paris et l'archevêque, mais aussi sur la « pastorale indifférenciée ».

Qu'est-ce que la pastorale indifférenciée ?

Je ne sais pas d'où vient le terme, qui est assez péjoratif. Depuis la Seconde Guerre mondiale, la pastorale française était très marquée par l'Action catholique spécialisée : monde ouvrier, monde indépendant, monde rural. Chacune des branches était dotée de mouvements propres, les uns pour l'enfance, d'autres pour la jeunesse et d'autres enfin pour les adultes.

Cette vision avait marqué aussi la catéchèse. C'est une question que je connais un peu, ayant été directeur de la catéchèse à Paris. En 1967 avait été édité un « fonds commun » qui devait être monnayé dans des documents divers, selon « les milieux socioculturels ».

C'est le système qui était en place dans la première paroisse où j'ai été nommé, Saint-François-de-Sales. En particulier, les réunions de parents se faisaient séparément : monde ouvrier, monde indépendant. Ce critère n'était plus pertinent ou, du moins, prédominant. Avec l'extension des classes moyennes et la prolongation des études, un autre phénomène est apparu dominant : celui de la génération. On a parlé, en politique, de la « génération Mitterrand » et, dans le monde catholique, de la « génération Jean Paul II ».

Tu as déjà employé le terme de « génération » pour Chartres.

Le Frat relevait déjà, sans le dire mais sans le cacher, de la pastorale indifférenciée, puisque s'y retrouvaient des jeunes venant de quartiers et de départements à la sociologie fort différente et suivant des scolarités ou des formations, elles aussi, très différentes. Chartres aussi relevait, si l'on veut employer ce terme, de la pastorale indifférenciée, depuis que le monde étudiant n'était plus exclusivement bourgeois. Or, les évêques et vicaires généraux d'Île-de-France n'avaient rien ni contre le Frat ni contre Chartres.

Mais il faut se rappeler la polémique qui avait suivi le discours du pape à Compostelle en 1982. Il appelait « la vieille Europe » à « revivifier ses racines ». Certains milieux catholiques l'accusaient de vouloir revenir à la chrétienté médiévale, d'entretenir le « rêve de Compostelle ». Sept ans plus tard, les JMJ de Compostelle, en 1989, tenues au lieu même où avait été lancé l'appel de 1982, ne pouvaient que ranimer les hostilités. D'autant plus que les suivantes étaient convoquées en Pologne, ce pays au catholicisme conservateur, « qui se croit autorisé à nous donner des leçons » : ces propos ou d'autres, semblables, circulaient dans le clergé.

Revenons à la lettre de mise en garde.

Elle accordait la possibilité d'organiser un groupe de cinq cents jeunes, pas plus. « Et, de toute façon, nous ne donnerons pas d'argent ; nous ne paierons pas les déficits. »

Pourquoi Mgr Soubrier avait-il signé ?

Je le lui ai demandé, bien sûr. Il m'a assuré avoir seulement signé un texte qui autorisait l'organisation d'un groupe.

Et la réaction du cardinal ?

« Continue ». Quelques jours plus tard, j'ai reçu un coup de fil d'un des évêques. Il m'a invité. On a pu parler. Un des vicaires généraux a fait pareil. Entre-temps, il avait dû y avoir une réunion orageuse des évêques d'Île-de-France. Par la suite, il n'y eut plus d'objections. Et nous sommes partis à Czestochowa nombreux, très nombreux. Mgr Dubost était devenu évêque aux Armés, mais c'était toujours lui qui était « évêque accompagnateur » de la délégation.

En région parisienne, il y avait d'autres initiatives.

La principale venait de la droite, la droite de la droite. Un an avant les JMJ de Czestochowa est apparu « Jeunes Chrétiens Service », avec de Villiers et de Saint-Martin. La plupart des membres étaient de la région parisienne. Lors d'un congrès à la porte de Versailles, le 17 mars 1990, ils voulaient lancer la campagne pour Czestochowa, alors que le cardinal Lustiger m'avait chargé d'organiser la route de l'Île-de-France. De Villiers a fait siffler le nom de Lustiger en disant que le cardinal avait reçu un télégramme du pape à l'intention du congrès, télégramme que le cardinal ne lui avait pas communiqué. En fait, ce genre de message n'est pas adressé directement à l'évêque du lieu, mais à la Nonciature. Le cardinal n'y était donc pour rien, mais la manœuvre n'était pas innocente. Plus tard, Jeunes Chrétiens Service a explosé à cause de dissensions politiques.

En fait, vous avez été beaucoup plus que cinq cents.

En fait, nous avons été 5 000 pour l'Île-de-France. Le rassemblement de départ avait lieu à la basilique de Saint-Denis. L'évêque du lieu, Mgr Guy Deroubaix prononça un joli mot d'accueil :

> Toi qui arrives, toi qui vas partir, regarde. Voici l'Église rassemblée. Voici l'Église au cœur de la plaine de France. À ta droite, à ta gauche : l'Histoire. Les rois

morts, couchés, pétrifiés. Voici le passé. Au milieu, le peuple vivant. Peuple de jeunes, peuple debout, voici l'avenir. C'est ici que Denys et ses compagnons ont versé leur sang pour Jésus-Christ. C'est ici que commence notre marche. Dieu a rendez-vous avec toi chez tes frères de l'Est. Voici l'heure de la rencontre, voici le présent.

Des parents sont venus jusqu'à la frontière, parce qu'ils n'avaient pas prévu à temps l'autorisation de sortie pour les mineurs. Nous étions obligés de refuser ces inscriptions. En route, nous avons aussi recueilli neuf cents Tchèques qui sortaient de la clandestinité. Au total, quatre-vingt-dix-huit cars et trente véhicules d'assistance, qui sont restés avec nous les quinze jours. Gérer plus d'une centaine de chauffeurs n'est pas chose aisée. Les cars étaient très modernes : les Polonais n'en avaient jamais vu de pareils. Un seul véhicule est tombé en panne, celui de la Croix-Rouge : Didier Leriche a fait le secouriste.

Comment nourrir tout ce monde, pendant près de quinze jours ?

Les Polonais nous avaient prévenus, et nous avions constaté, durant les voyages de reconnaissance, qu'ils ne pourraient pas nourrir les jeunes. Ils pourraient seulement fournir le pain et les fruits. Nous avons donc traité avec la Table de Cana, qui en était alors à ses débuts. Ils avaient confectionné des rations pour des groupes de huit. Il suffisait de réchauffer les rations, qui étaient très abondantes : c'est ainsi que nous avons pu nourrir nos Tchèques, qui n'étaient pas prévus, et même quelques jeunes Français d'autres régions, un peu lassés du thon en boîte. Depuis Clamart, la Table de Cana envoyait, régulièrement, des semi-remorques, chargés de nouvelles provisions.

C'est surtout l'accueil dans les villages que les jeunes ont retenu et qu'ils ont raconté à leur retour.

Les problèmes matériels étaient considérables : le carburant, les monnaies des pays traversés dont certains ne connaissaient pas la carte bleue, les communications alors que n'existaient pas les portables. Mais, de fait, nous gardons tous un souvenir extraordinaire de la marche dans la campagne polonaise. Le soir, nous arrivions dans les villages, après des heures de marche. Nous célébrions la messe dans de grandes églises, toutes pleines. Les représentations religieuses, particulièrement les croix, là-bas, sont extrêmement expressives, plus que chez nous. Après la messe, les paroissiens emmenaient les jeunes loger chez eux. Les gens laissaient leurs chambres, quitte à dormir, eux, dans les champs.

Vous êtes allés à Auschwitz ?

Oui, bien sûr. Je laisse Mgr Dubost raconter :

> Quatorze kilomètres avant Auschwitz, notre colonne s'est resserrée et mise en silence. Le ciel est devenu gris et Birkenau s'est habillée de crachin quand nous y pénétrons. Avec Patrick Jacquin, je marche en tête, précédé seulement de la croix. Après l'entrée dans le camp, nous la porterons, Patrick et moi. Le groupe se tasse sur la plate-forme au pied du mémorial. En silence absolu. C'est une liturgie. En prenant la main de deux enfants qui s'étaient placés auprès de moi, j'explique qu'en 1944, 100 000 personnes étaient sur le camp, dont nous ne voyons plus qu'une quarantaine des trois cents baraques de l'époque.
>
> J'explique aussi que notre groupe de 4 000 personnes représentait quarante minutes de travail des chambres à gaz. Puis, à genoux, je lis le psaume 88,

qui se termine par ces mots : « Ma compagne, c'est la ténèbre. » Trois micros ont été placés le long de la voie de chemin de fer. Un enfant va jouer de la flûte successivement à ces trois micros. Je le suis. Le groupe suit. Il nous entraîne vers la sortie. Comme pour dire que la vie repart. Une fois passé le porche, le silence mettra longtemps à se dissiper. Je crois qu'il s'est dissipé en même temps que le crachin, quand le psoleil est revenu.

Le cardinal était présent ?

Il ne le voulait pas. Mais une délégation du village natal de son père était présente, avec une lettre du maire, l'invitant à venir les voir. Il y est effectivement allé, mais longtemps après, avec son cousin.

À part celles de Paris, Czestochowa, c'est ton grand souvenir pour les JMJ ?

Elles m'ont toutes marqué, mais celles-là étaient particulières, avec l'accueil des Tchèques, et même de Russes qui se sont joints à nous. Ils n'avaient rien, si ce n'est de la vodka et du caviar, qu'ils échangeaient pour se faire un peu d'argent. Ce n'était pas du marché noir, ni du trafic. Plus sérieusement, le conseil donné à Mgr Rylko deux ans plus tôt s'est concrétisé : c'est à Czestochowa que, pour la première fois, les évêques ont assuré les catéchèses. Finis, les gourous ! Quatre-vingts évêques français étaient présents. La plupart ont fait la route avec les jeunes, logeant eux aussi dans les villages. Ils avaient dû ressortir leurs soutanes qui ne servaient, d'habitude, que quand ils allaient à Rome. Mais, en Pologne, ils ne pouvaient pas faire autrement. Eux-mêmes ont été impressionnés par la foi des Polonais, après quarante ans d'athéisme d'État.

Sur place, à Czestochowa, vous avez retrouvé les autres délégations françaises.

Oui, au total, nous étions plus de 30 000. Ce qui montre que l'élan est venu d'un peu partout en France et pas seulement de Paris, même si nous avons pris le départ peut-être plus tôt que les autres. Il y a eu quelques problèmes de placement, car les Russes étaient arrivés en grand nombre, sans prévenir. Vu ce qu'ils avaient enduré et ce qu'ils représentaient, il fallait leur faire de la place. Or l'espace n'est pas indéfiniment extensible. Pour la veillée du 14 août au soir, les jeunes se sont donc retrouvés à leur église habituelle, Saint-Adalbert, et ont improvisé une veillée mariale avec le père Leriche et Bertrand Belle.

La Pologne, ce n'est pas la porte à côté. Il faut y aller, mais il faut en revenir.

Nous sommes passés par Prague. Après la messe, célébrée dans la cathédrale, le cardinal Tomášek, 95 ans, s'est adressé aux jeunes depuis son balcon : « Que Prague est belle ! », dit-il. À l'instant, les jeunes lâchèrent des ballons dans le ciel, puisque c'était le jour de l'envoi. Et je me dis en moi-même : « Que Paris serait belle ! » Quelques Français ont dû rester à Prague et quelques Tchèques ont dû prendre leurs places dans les cars : ni vu, ni connu. Aux frontières, les contrôles n'ont jamais été trop indiscrets.

Avec qui avais-tu travaillé pour Czestochowa ?

Le père Housset, du Secrétariat de la Conférence, au niveau national. Pour l'Île-de-France, Mgr Pollien, Marie-France Depallières, Marie-Christine

Montesquat, Didier Leriche. Marie-France Depallières était la secrétaire de Mgr Pollien. J'ai travaillé avec elle pour Initiatives Jeunes, puis pour les JMJ de Czestochowa et de Paris. Marie-Christine Montesquat était la responsable du service des voyages du Cep. Il y avait également la secrétaire du Cep, Elsa Cuadro, une chilienne.

Tu comptais sur Czestochowa pour relancer Chartres.

À la suite de cela, Chartres 1992 a été formidable. Ce genre de grands rendez-vous épuisent les prêtres et les animateurs, mais pas les jeunes. Ils ont l'habitude d'aller d'un rendez-vous à un autre.

Donc, la Pologne a bien aidé la France.

C'était un prêté pour un rendu. Car la marche étudiante, devenue traditionnelle, de Varsovie à Czestochowa a été inspirée par le Pèlerinage étudiant à Chartres. Quelques Polonais y avaient participé et ont ramené l'idée chez eux. C'est le père Gollnisch qui m'a expliqué cela. Il tenait l'information du père Uchinski et du père Dupire.

Témoignage

Dans la campagne polonaise, venant de ma France plutôt industrialisée, j'ai été étonnée en voyant les champs des Polonais labourés à la charrue, avec trois bottes de paille. Surtout quand ils nous disaient que la récolte était superbe et qu'il y avait plein de blé, alors que, pour nous, il n'y avait rien. Et quand on voit que les gens vivent dans des masures, qu'il n'y a pas de lumière, qu'ils n'ont rien à manger, que c'est glauque, et qu'ils vous disent « on vit bien », alors on se dit « Bon, je comprends », il y a une différence. Quand on parle avec les Polonais, ils ont le sourire jusqu'aux oreilles, une foi extraordinaire. On a l'impression de prendre un peu de leur foi à eux, parce que c'étaient eux qui nous donnaient le souffle.

CARINE

Le pèlerinage étudiant à Chartres 1992-1998

Avec le Cep, tu recevais la responsabilité du pèlerinage de Chartres. Moi-même, j'avais quitté la responsabilité du Cep en 1979. Qu'est-ce que le pèlerinage était devenu entre-temps ?

Le pèlerinage étudiant existait toujours, mais il n'était plus le seul. Il y avait les pèlerinages de Montmartre, de l'Emmanuel, du Chemin Neuf. Sans compter le pèlerinage traditionaliste, à la Pentecôte.

Ce dernier datait de 1969. Il avait recruté d'abord à la faculté de droit d'Assas, dont les Dominicains avaient abandonné l'aumônerie. Ce pèlerinage est une conséquence de 1968 : avant même de voir comment évoluait le Pèlerinage étudiant, organisé par le Cep, la tendance traditionaliste a voulu se démarquer. Depuis, il s'est développé en s'ouvrant à toutes les générations.

À partir de 1982, il s'intitule « Pèlerinage de Notre-Dame de Chrétienté ». Après l'excommunication de Mgr Lefebvre et des évêques qu'il avait ordonnés contre la volonté du pape, le pèlerinage s'est divisé entre ceux qui ont voulu rester catholiques et l'option lefebvriste. Au milieu de tout cela, le pèlerinage des aumôneries étudiantes s'amenuisait d'année en année.

Je l'avais moi-même constaté. Au printemps 1991, j'étais devenu évêque de Chartres. J'avais donc accueilli le Pèlerinage étudiant, que je n'avais pas revu depuis mon départ du Cep, en 1979. J'ai eu un choc.

Tu me l'avais dit.

Revenons à 1991 : c'est un tournant pour toi ?

Je n'ai pas chômé. À la Pentecôte, j'ai dirigé mon quatrième Frat. L'été, j'étais aux JMJ de Czestochowa et, en septembre, je prenais mes fonctions au Cep. Durant l'été, j'avais pris contact avec le père Legavre, jésuite, de CGE (Chrétiens en grande école) pour ouvrir Chartres au-delà des aumôneries universitaires. Je pensais aussi qu'il serait possible de s'appuyer sur Czestochowa pour relancer Chartres. Le concept que je mettais en avant était la « Génération étudiante ».

Comment s'est faite cette ouverture ?

Par un vote, à la session nationale de rentrée de la Mission étudiante, à Poitiers, à l'automne 1991. Durant la session, la commission Île-de-France, habituellement, fixait la date du pèlerinage et choisissait le thème. En fin de session, les décisions étaient communiquées à toute l'assemblée. Je voulais faire passer comme idée que le pèlerinage de Chartres pouvait déborder les aumôneries étudiantes pour s'adresser à la « génération étudiante », quels que soient les modes de regroupements. En commission, j'ai été soutenu par un étudiant qui était à Czestochowa. Mgr Soubrier a été très persuasif. J'ai pu dire que le Chemin Neuf, avec Étienne Vetö, était d'accord pour supprimer son propre pèlerinage. Et de même pour l'Emmanuel, représenté par Gilles Malartre, et Montmartre, par Bernard Terrien.

La JMJ de Czestochowa était passée ?

Oui, mais nous avions les listes des participants de l'Île-de-France : il serait facile de les rejoindre.

À quel moment la date du Pèlerinage étudiant a-t-elle été fixée aux Rameaux, quelle que soit la date des Rameaux, sauf s'il y a vacances ?

Avec mon compère jésuite, le père Legavre, nous avons tout de suite décidé, en 1991, que le pèlerinage aurait lieu désormais tous les ans aux Rameaux. Cela évitait des discussions sans fin, aucune date n'étant parfaite. En plus, cela correspondait aux JMJ annuelles qui ont toujours lieu aux Rameaux, indépendamment du rassemblement international qui, lui, n'a lieu qu'une année sur deux ou trois. En plus, cela réglait le problème du thème. Les Rameaux donnaient la tonalité, quitte à compléter par un sous-titre. Le cardinal était content de ces décisions, mais elles ne viennent pas de lui.

Avais-tu des contacts avec les organisateurs des pèlerinages de la Pentecôte, le pèlerinage « Notre-Dame de Chrétienté » et le pèlerinage lefebvriste ?

Pas dans les années 1990. Pour le pèlerinage catholique, dit « traditionnel », quand j'étais recteur de la cathédrale Notre-Dame, les choses se passaient bien pour la messe de départ. Un des évêques auxiliaires présidait l'Eucharistie et faisait l'homélie. Mais je n'ai pas pu obtenir que les prêtres, aumôniers des chapitres, concélèbrent. Alors que la plupart des pèlerins, de dimanche en dimanche, participent à la messe sous la forme ordinaire. Rien n'aurait empêché que, sur la route, les aumôniers célèbrent sous la forme extraordinaire avec leurs chapitres. Mais je n'ai jamais réussi à les convaincre. Et pourtant, les jeunes du pèlerinage de Pentecôte, le pèlerinage de « Chrétienté », venaient avec nous pour les Journées mondiales de la jeunesse, sans problème.

En 1997, le lien entre Chartres et la Journée mondiale de la jeunesse était symbolisé par la présence de la Croix qu'on appelle souvent la croix des JMJ et qui est, en fait, la croix de l'Année sainte 1983, année de la Rédemption.

Effectivement, cette croix avait été remise aux jeunes, lors de la clôture de l'Année sainte de la Rédemption, aux Rameaux 1984. Sur une plaque était inscrit ce message : « Portez-la dans le monde comme signe de l'amour du Seigneur Jésus pour l'Humanité, et annoncez à tous qu'il n'y a de Salut et de Rédemption que dans le Christ mort et ressuscité. »

Il est assez remarquable que cette croix ait été confiée spécialement aux jeunes, avec la mission de la porter à travers le monde. L'importance des Journées mondiales de la Jeunesse dans l'esprit du pape s'exprimait déjà dans cette décision.

Je me rappelle l'année où vous aviez rapporté de Rome la croix du Jubilé. Elle était placée sur le parvis de la cathédrale de Chartres, et les jeunes, en arrivant, embrassaient la croix. C'était très émouvant. Une formule du cardinal Lustiger en donnait le sens. Je la cite de mémoire : « Vous portez la croix, mais c'est la Croix qui vous porte. »

La croix a été présente à Chartres trois années de suite : aux Rameaux en 1995, en 1996 et en 1997. En 1995, le samedi veille des Rameaux, la messe de lancement du pèlerinage étudiant était célébrée à Notre-Dame de Paris. Immédiatement après, le cardinal Lustiger et moi-même, nous partions à Rome, dans l'avion de Louis

Nicollin, président du club de foot de Montpellier. Le père Destable, secrétaire général adjoint de la Conférence épiscopale, et une délégation de trente-quatre jeunes nous avaient précédés. Le soir, nous rencontrions un groupe de jeunes Philippins, puisque la Journée mondiale précédente avait eu lieu à Manille. Le dimanche matin, le pape nous remettait la croix. Au retour, le transport en transal fut un peu rocambolesque. Le cardinal, trouvant sans doute que les banquettes pour parachutistes étaient un peu dures, a voyagé dans le cockpit. La croix était à Chartres en fin d'après-midi, après avoir atterri à Châteaudun. Arrivé sur le parvis, le cardinal Lustiger était en relation téléphonique avec son confrère de Bruxelles, le cardinal Danneels qui, lui-même, présidait un autre pèlerinage étudiant. Le dialogue était diffusé à l'intérieur de la cathédrale où les étudiants étaient déjà rassemblés pour la messe de clôture du pèlerinage. Pendant le chant d'entrée, la croix elle-même gagna le chœur.

En 1996, les choses se sont passées comme tu l'as rappelé. C'est Françoise Pelet et monsieur Leriche, le père de Guillaume et de Didier, qui avaient organisé ce rite. Entre-temps, la croix avait visité la France et fait étape dans plus de cent lieux différents. Elle avait parcouru quatre-vingt-dix mille kilomètres. L'année suivante, 1997, l'année des JMJ à Paris, la croix était encore présente au pèlerinage. L'année suivante, le pape la transmettait aux jeunes Romains, pour les JMJ de l'Année sainte.

Témoignage

Chartres 1992, Chartres 1993, et maintenant Chartres 1994, oui je m'en vais tout joyeux, tout guilleret vers ma troisième édition du pèlerinage de Chartres.

Il y a trois ans déjà : je me souviens, j'avais été délégué par le petit groupe de jeunes chrétiens qui venait de voir le jour à Issy-les-Moulineaux, pour venir me renseigner sur ce fameux pèlerinage de Chartres qui, cette année-là, ouvrait ses portes pour la première fois aux groupes paroissiaux.

Je suis tombé amoureux du pèlerinage, et cet amour, je le vis encore aujourd'hui. Oh oui, que de souvenirs : je me rappelle cette traversée de la Beauce, sous le soleil d'un après-midi merveilleux où, pour la première fois, je parlais de Dieu avec des jeunes de mon âge, comme ça, tout simplement, en pleine nature, assis à même le sol.

Oui, pour la première fois, je découvrais toute la joie de partager, de se connaître tout en marchant et je me sentais vraiment pèlerin, avec, dans mon cœur, sans aucun doute, le même amour de Dieu que les premiers croyants qui arpentaient les chemins du monde.

(Patrick évoque ensuite la veillée du samedi soir, la beauté de la nature, la longue colonne des pèlerins, le chant des Ave Maria, la messe des Rameaux dans la cathédrale.)

Et, en 1993, rebelote, ça y était, j'avais la « chartromanie », j'attendais cet événement avec joie et impatience. Je voulais à nouveau vivre tout ce que j'avais déjà vécu, et encore plus. Je voulais à nouveau ressentir cette joie de faire partie de cette foule qui converge vers ce même but qui est Dieu.

Et ce fut la même féerie, le même enchantement. Fatigué comme la première fois, les ampoules aux pieds comme la première fois, les épaules meurtries comme au premier jour, mais comblé, plein de force, plein de joie, prêt à affronter n'importe quelle situation, prêt à vivre ma vie avec une intensité toujours plus grande.

PATRICK

Chartres, c'est une expérience qui commence il y a deux ans, lorsque je suis devenu responsable logistique de ma route... Vivre au rythme des réchauds, micros, groupes électrogènes et autres ravitaillements en eau...

> L'année d'après fut celle de la réflexion. Réfléchir, faire le point sur ma vie de chrétien. Qui est ce Jésus dont on me parle ? Est-il lumière dans ma vie ? Où ? Quand ? Comment ? Pourquoi ? Des questions auxquelles je n'ai pas fini de répondre. Alors, en 1994, je reviens à Chartres. Il s'agit aujourd'hui de donner corps à ce pèlerinage pour que chaque pèlerin puisse y faire un pas de plus, un pas de plus dans sa vie de baptisé, un pas qui, espérons-le, en entraînera beaucoup d'autres[1].
>
> VINCENT

Ces témoignages de deux pèlerins dans les années 1990 montrent l'importance du pèlerinage de Chartres dans leur cheminement. Un quart de siècle plus tard, est-ce toujours vrai ? Est-ce que Chartres est vraiment nécessaire ?

Pour la pastorale des jeunes, il faut un instrument ; il faut pouvoir s'appuyer sur quelque chose, comme Jambville ou Lourdes. Si ce n'est pas Chartres, il faut trouver autre chose. Pour les jeunes de sixième et de cinquième, c'est Lisieux. À l'heure actuelle existent de multiples petits

1. Karine NIQUET, *Mémoire de Chartres. Le pèlerinage des étudiants, 1935-1995*, Paris, Éd. du Cerf, coll. « Foi vivante », 352, 1995.

groupes. Mais il me semble important que, une fois par an, pour chaque tranche d'âge, il existe un temps collectif qui fasse percevoir une dimension d'Église, qui ouvre au-delà du petit groupe auquel on appartient habituellement. En tout cas, ce qu'il faut, c'est avoir des relais entre les grands temps forts que sont les JMJ.

Dans la mesure où la vie de foi est devenue plus difficile, dans un monde agressivement indifférent, les temps et les lieux de rassemblement ont pris une importance croissante : JMJ, Lourdes, Paray-le-Monial, Taizé. Chacun a ses caractéristiques. Quels sont les atouts de Chartres ?

Soyons honnêtes : le nom de Péguy ne dit pas grand-chose aux jeunes d'aujourd'hui. Mais, à l'inverse, la marche, qu'on l'appelle « route » ou « pèlerinage », est d'actualité. Il n'y a qu'à voir le succès de Saint-Jacques-de-Compostelle. La difficulté est la contrainte de temps : un petit week-end de printemps, coincé entre de multiples sollicitations, les examens, les partiels, les stages. Peut-être serait-il opportun de remettre en valeur la figure de Marie, après une longue éclipse partielle. Ne pas oublier la cathédrale elle-même. La restauration de l'intérieur est presque achevée : désormais, la nef de Chartres est la plus lumineuse de toutes les cathédrales de France.

Faisons de la science-fiction : que faudrait-il pour que Chartres, ou autre chose, redémarre ?

Pour que Chartres redémarre, il faut aussi que les évêques soient motivés. À Czestochowa, tous les évêques d'Île-de-France ont fait la route, au moins en partie, en soutane, avec sac à dos. Pour Chartres, dans « mes années », c'était pareil : tous les évêques d'Île-de-France y participaient. Dans le livret de préparation, chacun d'eux écrivait une page : c'était un signe. Il faudrait aussi que les jeunes prêtres soient un peu plus baroudeurs. Il faudrait voir s'il y a un répondant chez les Jésuites, capable de redonner de l'élan au pèlerinage.

Je pense que, pour Chartres, tous les ans, c'est trop. C'est trop lourd pour l'équipe d'animation, et, pour les participants, ils ont l'impression que c'est toujours pareil. On pourrait jouer avec les années « sans JMJ ».

Un développement inattendu du pèlerinage de Chartres par Mgr Pascal Gollinisch, directeur général de l'Œuvre d'Orient

Après la Seconde Guerre mondiale, l'Europe de l'Est se trouve sous le joug soviétique. Avant de retourner en Pologne, un jeune prêtre, le père Thomas Uszinski s'efforce de connaître les réalités pastorales, sachant qu'il lui sera difficile de ressortir de son pays une fois rentré. C'est ainsi qu'il va faire la connaissance du père Lustiger, de l'équipe des aumôniers et du pèlerinage vers Chartres.

De retour à Varsovie, le cardinal primat Wichinski, dont il est proche, lui confie la pastorale des étudiants, que l'on appelle « académique », tant dans le diocèse que sur le plan national. Se souvenant du pèlerinage de Chartres, il a l'idée de proposer aux étudiants de participer au pèlerinage de Varsovie vers le grand sanctuaire de Czestochowa. Il y avait déjà seize groupes de pèlerins : ce sera le groupe « 17 ».

Bientôt, les étudiants affluent de toute la Pologne et même de toute l'Europe de l'Est. Il faut dédoubler le groupe ! Les autorités s'opposent à la création d'un groupe « 18 ». Il y aura donc « 17-1 », « 17-2 »... et jusqu'à « 17-32 » ! Il s'agit de la seule activité catholique en dehors des lieux de culte. Les communistes n'osent pas l'interdire, car les nazis s'y étaient essayés en vain :

il était impossible d'empêcher les petits groupes de marcheurs vers Czestochowa.

En 1977, j'ai emmené un petit groupe de routiers scouts, avec leur aumônier, le père Philippe Brizard, faire le pèlerinage. La présence française ira grandissante, jusqu'à près de deux mille pèlerins, renouant les relations d'amitié entre la France et la Pologne. Les pères Dominique Lebrun et Olivier Ribadeau Dumas participeront à l'animation, mais de très nombreux prêtres conduiront des groupes d'étudiants français, des futurs évêques, et même des futurs cardinaux, André Vingt-Trois et Philippe Barbarin.

Certes, le pèlerinage est différent, adapté à un contexte différent. Pour arriver le 15 août, il faut marcher deux cent quatre-vingts kilomètres, en huit jours. l'animation ne se fait que durant la marche, grâce à des haut-parleurs portés à dos d'homme. Le pèlerinage, dépassant les deux cent mille participants, « éclatera » pour partir des différentes villes de Pologne et converger vers le sanctuaire. Il sera le temps fort de la pastorale académique. L'élection du pape Jean Paul II, la création de Solidarnosc donneront un écho et un éclairage particulier au pèlerinage.

La présence des étudiants français sera continue jusqu'à la chute du communisme et la journée mondiale des jeunes à Czestochowa en 1991. Lors de l'année noire, ainsi nommée car les autorités ont essayé d'imposer un état de siège et l'interdiction de Solidarnosc, le cardinal

Lustiger demanda le jumelage des paroisses de Paris et des paroisses de Varsovie. De nombreux contacts se noueront alors entre les deux diocèses, portés par les Pères Bernard Dupire et Philippe Brizard et, bien souvent, par les anciens étudiants pèlerins.

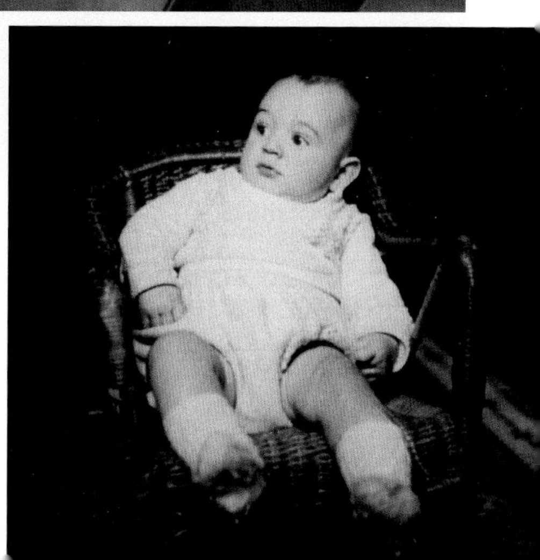

Patrick Jacquin à quelques mois
seulement et à treize ans.

Patrick Jacquin est ordonné diacre par le cardinal Marty.

Le père Jacquin, aumônier de collège.

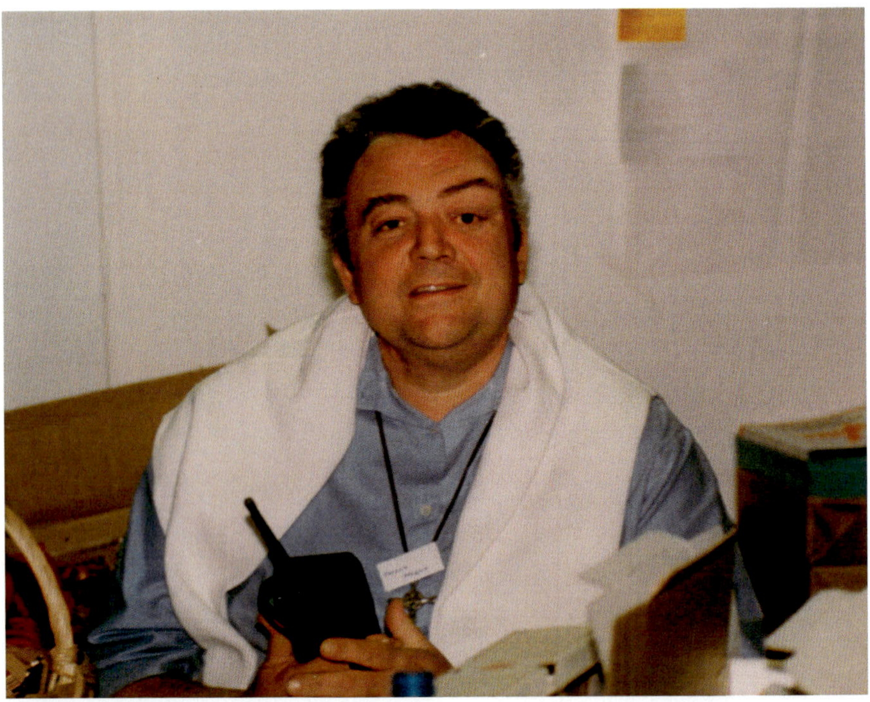

Mgr Lustiger au Fraternel de 1981.

Les JMJ à Longchamp en 1997.

Patrick Jacquin et des amis

Le père Jacquin en tête d’une route de Chartres.

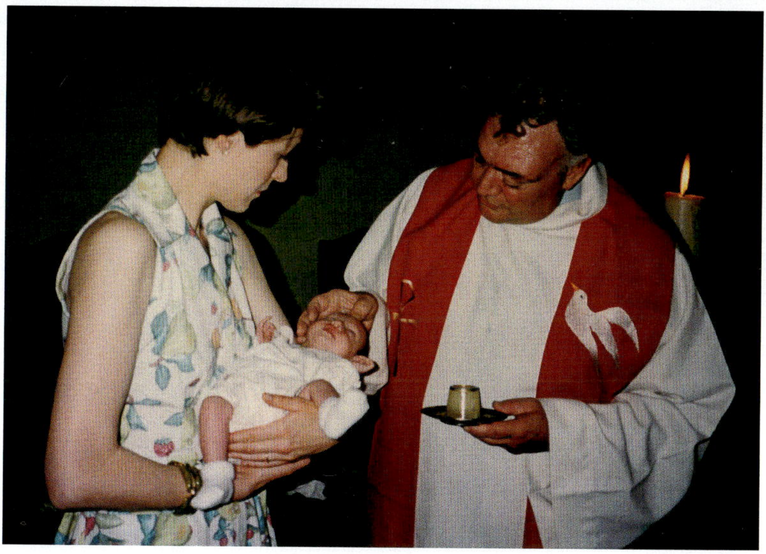

Mgr Jacquin à Notre-Dame de Paris.

Au revoir !

Denver et Manille
1993 et 1995

Après Czestochowa, c'est Denver.

Oui, avec 4000 à 5000 jeunes. L'engagement financier était important à cause des avions, mais nous les avons remplis, à l'unité près. Cette fois-là, j'étais le responsable puisqu'il n'y avait pas de proposition nationale. J'ai donc dirigé la délégation française. Le déficit a été d'un million de francs, environ deux cents à deux cent cinquante francs par jeune. Pour préparer, nous étions allés sur place quatre ou cinq fois. L'archevêque du lieu, Mgr Stafford, a été, par la suite, président du Conseil pour les laïcs.

Pourquoi Denver, cette ville si peu connue ?

Parce qu'elle se trouve au centre des États-Unis, mais aussi parce qu'il fallait trouver un archevêque qui prenne le risque d'accueillir le pape et les JMJ. Stafford était à la fois classique et cow-boy : il était donc partant. La même difficulté de choix s'est présentée au Canada : en 2002, les JMJ ont eu lieu à Toronto parce que Québec et Montréal ont refusé.

Quels souvenirs de Denver ?

Il faisait une chaleur épouvantable ! Or, aux États-Unis, tout est payant. McDonald's faisait payer l'eau. Il y a eu quelques incidents : des marchands vendaient des mitres en caoutchouc et, pendant le chemin de Croix, un avion est passé dans le ciel en traînant un énorme préservatif. À l'arrivée, sur la croix, les Américains ont placé un personnage féminin. Le cardinal, comme tu peux l'imaginer, n'était pas ravi.

Vous étiez dans une paroisse ?

Une paroisse avec d'immenses locaux mis à notre disposition. Le matin, le père Lebrun réveillait tout le monde avec une demi-heure de gym tonic, en musique : formidable ! La consule de France était très coopérative.

Pour Compostelle et en Pologne, vous aviez marché. À Denver, vous êtes restés sur place.

Nous avons passé trois nuits dans le parc national des Red Rocks. La cérémonie de réconciliation a eu lieu dans l'amphithéâtre des Red Rocks. Quand le cardinal est arrivé, les jeunes se sont mis à chanter une ritournelle sur son nom, ou plutôt son surnom, « Lulu ». Sur le podium, il y avait un piano. Lustiger a poussé le pianiste et s'est mis à jouer l'air, lui-même. Il a fait un malheur ! Il avait un don avec les jeunes. Peut-être plutôt quand il rencontrait des groupes que dans la relation individuelle. Quand il faisait des topos, les jeunes écoutaient. Encore plus quand il a eu des problèmes de voix.

Éric, après la veillée de la réconciliation

Seigneur mon Dieu, ouvre mon cœur ; fais en sorte que je sorte de mes œillères ; aide-moi à prendre mes responsabilités, à faire les choix décisifs de mon existence de chrétien ; affermis mon souci de m'engager dans la vie sociale au service de mon pays, afin de construire sur terre les germes de ton royaume. Amen.

Le témoignage est clair, même si les images sont incohérentes : on ne sort pas de ses œillères et on ne construit pas des germes. Mais tout le monde a compris !

Témoignages

Je suis venu pour découvrir le chemin, je suis venu pour te découvrir, mais la marche est longue et parfois périlleuse ; mais tu me donnes, du moins je le crois, le courage de continuer à chercher. « L'Église est le peuple de Dieu en marche. Les premiers chrétiens qui suivirent le Christ furent appelés les hommes de la Voie », nous a dit Jean Paul II.

PHILIPPE

Pour moi, jeune Africain, les nombreux problèmes qui déchirent, isolent l'Afrique, constituaient le plus grand obstacle à la connaissance du Seigneur. Je me demandais : « Pourquoi l'Afrique ? Pourquoi pas les USA ou l'Europe ? » La seule conclusion logique était d'en attribuer la faute à Dieu.

Quand j'ai débarqué aux États-Unis, ce que j'ai constaté n'a fait que confirmer ma profonde conviction. La fascination de l'opulence, même l'air que j'y respirais avait le goût de la richesse qui manque à l'air africain. Qui aurait pensé qu'aux États-Unis, Mark et Jennifer doivent compter avec la violence des gangs. Et Mario, en Europe, avec la purification ethnique dans ce qui était autrefois la Yougoslavie ?

J'ai compris que tous nos problèmes naissent de l'homme, et cela m'a conduit à me confronter au mystère de l'amour de Dieu, toujours ignoré à cause de mon égoïsme altier. J'ai compris que nous sommes vraiment une famille en lutte pour le même objectif : rendre le monde meilleur. J'ai compris que l'on ne peut atteindre cet objectif qu'avec la grâce et sous la conduite du Seigneur.

Bruno Kalemba

Je n'avais pas l'intention d'aller à Denver. Je m'étais posé cette question : « Qu'est-ce qui va en sortir, allons-nous rester (comme souvent) au niveau du partage ou est-ce que cela va déboucher sur quelque chose de concret ? »

Les jeunes ne veulent plus de discours, mais voir, d'une façon concrète, une personne qui vit sa foi à fond, suivant l'Évangile : là, ça touche les cœurs, interpelle, pose des questions, et les jeunes n'ont qu'un désir : connaître la source d'un tel bonheur, d'une telle joie, d'une telle paix.

Dans notre monde, rien ne nous invite à la foi, à la vérité. Les jeunes ont grand besoin d'être soutenus par l'Église, et ces grands rassemblements sont vraiment des temps de grâce d'où nous repartons avec une force donnée par Dieu, mais aussi la force de l'Église tout entière sur laquelle nous comptons, sur laquelle nous nous appuyons et en laquelle nous avons confiance, car elle est notre Mère et que nous aimons notre Mère l'Église.

Marie-Jeanne Stutz

Comme toujours, quand le pape revient d'un voyage, il donne un compte rendu à l'audience générale du mercredi qui suit son retour. Voici ce qu'il disait après Denver.

Les Journées mondiales de la jeunesse sont nées du désir de donner aux jeunes des moments significatifs de « halte » dans le pèlerinage continuel de la foi, qui se nourrit aussi par la rencontre avec les personnes du même âge d'autres pays et par la confrontation des expériences respectives.

Les célébrations annuelles de cette Journée marquent, dans ce chemin de foi et d'évangélisation, comme des étapes d'approfondissement et de vérification ; des moments communautaires de prière et de réflexion sur des sujets approfondis auparavant au niveau paroissial et diocésain, au sein des associations, des mouvements et des groupes de jeunes.

Les jeunes se retrouvent ainsi constamment pèlerins sur les routes du monde. En eux, l'Église se reconnaît elle-même et voit sa mission parmi les hommes ; avec eux, elle accueille les grands défis de l'avenir, consciente que l'humanité tout entière a besoin d'une jeunesse renouvelée par l'esprit.

Après Denver, Manille.

Ce devait être Paris, selon l'alternance entre l'Europe et le reste du monde. Tout était prévu. Le pape devait l'annoncer à la fin de Denver. Mais, entre-temps, les évêques philippins avaient supplié le pape de venir chez eux pour les quatre cents ans des premiers diocèses dans leur pays. Le pape a demandé au cardinal Lustiger si un décalage de deux ans pour les JMJ de Paris était un trop gros problème. Le cardinal ne pouvait qu'accepter le décalage demandé. Il me prolongeait dans mes fonctions en monde étudiant pour deux ans afin que je sois encore sur le terrain en 1997.

Janvier 1995 : Manille.

Un tout petit groupe : quatre cents francophones. J'y étais avec le père Destable, du secrétariat de l'Épiscopat. Après vingt heures de vol, le cardinal Lustiger a débarqué avec une rage de dents, à vingt-trois heures : il a fallu trouver un dentiste. On a trouvé. Cette fois encore, il faisait très chaud. Ce que les jeunes ont retenu de Manille, ce sont les millions, cinq millions, de personnes rassemblées le dimanche. Mais aussi les explorations à la « Montagne fumante », dans les rizières, dans les prisons. Ils ont vu des choses dont ils n'avaient aucune idée : les cafards et les souris, mais aussi la prostitution. Le cardinal lui-même s'est rendu sur la « Montagne fumante » et a été fortement impressionné. Un certain nombre de jeunes sont restés en lien, *via* des associations, avec les Philippins.

C'est pendant les JMJ de Manille qu'a éclatée l'affaire Gaillot. Est-ce qu'elle a eu des échos dans le monde des jeunes ?

Non. Cela concernait les générations antérieures.

Témoignages

C'était un premier contact physique avec un pays du Tiers-Monde ; je dis physique parce que j'ai d'abord été confrontée à la misère sur le plan physique. À cause de l'odeur. Dès qu'on approche du bidonville (de Payatas), on est saisi par l'odeur des ordures. Cinq ou six kilomètres avant d'y parvenir, on commence à sentir, et, petit à petit, on sent de plus en plus. Je me suis très vite habituée, et très vite on en fait totalement abstraction. L'accueil des Philippins est tel que l'on oublie. En rentrant de Manille, j'étais dans le métro ; il y avait un clochard dont l'odeur était difficile à supporter. Les gens s'écartaient. Bon, je comprends. Mais quand j'ai entendu les gens en descendant de la rame dire « c'est inadmissible que la RATP ne vire pas ces gens-là », c'est dur à entendre. Comme si la misère, parce que son odeur est intolérable, devait disparaître de notre vue pour ne plus exister.

MARIE-CHRISTINE

Dans la paroisse, il y a deux représentations du Christ : l'une est un cadre fait de bois, de métal et de carton de récupération et, dans le cadre, il y a le Christ ; l'autre est une statuette du Christ avec un sac-poubelle à la main droite et une pique de chiffonnier dans la gauche. Pour ces Philippins, c'est bien le Christ au milieu de nous, dans notre condition. Notre condition est de vivre des poubelles, eh bien, il est là au milieu de nous.

Ce qui a changé pour moi, au cours de ces deux années, et en particulier après Manille, c'est surtout le sens de ma communion avec l'Église ; je ne suis plus quelqu'un qui va à l'église. Je suis d'Église.

GILLES

Vers les JMJ de Paris
1997

Que retiens-tu des messages du pape aux quatre JMJ auxquelles tu as participé, avant Paris : Compostelle, Czestochowa, Denver, Manille ?

C'est d'abord un message de confiance dans les jeunes. De la part du pape Jean Paul II, la confiance dans les jeunes l'emporte très nettement sur les mises en garde. S'il y a des mises en garde, c'est seulement pour que le meilleur de leurs aspirations ne soit pas étouffé. En particulier, je m'élève complètement en faux contre ceux qui prétendent que le pape parlait sans cesse de la sexualité : qu'ils vérifient ! Les textes sont disponibles. Quand il nomme le « désordre sexuel » (Denver), c'est après avoir énuméré la drogue, l'abus d'alcool, et avant de terminer par la violence. Ses messages pourraient se résumer dans les quelques mots prononcés à Compostelle : « N'ayez pas peur d'être des saints ! »

Quel était le texte sur lequel il revenait le plus souvent ?

Comme au Parc des Princes en 1980, la rencontre de Jésus avec le jeune homme riche. Le pape Jean Paul II aimait cette page de l'Évangile, parce que c'est un dialogue et que l'interlocuteur est un jeune qui se pose la question : « Que dois-je faire pour avoir la vie ? » C'est la question même du sens, posée en termes concrets : que dois-je faire ?

Chaque Journée mondiale a pour thème une phrase de l'Écriture.

Le plus souvent une parole de Jésus lui-même. À Paris, en 1997 : « Venez et voyez ! » Il en est de même de la plupart des grands textes du pape. Au lieu de citer l'Évangile pour illustrer son propos, il part de l'Évangile. En cela, il met en œuvre la recommandation du concile Vatican II, qu'il a lui-même résumée à la fin du Jubilé de l'an 2000 : « Repartir du Christ. »

On dit souvent que les jeunes, c'est l'avenir, l'avenir de la société, l'avenir de l'Église ?

Bien sûr, ils sont l'avenir. Mais ils sont déjà le présent. Quand il dit : « En eux, l'Église se reconnaît elle-même », le pape parle bien au présent. Un mot qui revient très souvent dans ses discours, c'est celui de « responsabilité ». Soyez responsables de vous-mêmes, mais aussi, déjà, de l'Église et de la société. Soyez même responsables de la création, a-t-il dit à Compostelle : le souci écologique ne date pas d'hier !

Mais est-ce que les jeunes écoutaient le pape ?

Nous n'avons plus l'habitude de discours un peu longs. Les jeunes *a fortiori*. C'est pourquoi, dans les JMJ, les animateurs doivent veiller sur l'avant et l'après. Avant : le pape écrit une lettre d'invitation, avec une présentation du thème. Après : il est facile de relire les textes. Si une parole vous a touché au cœur, c'est déjà bien !

Manille, à 10 000 kilomètres et en janvier : il ne faut pas s'étonner si les Français étaient peu nombreux.

C'est pourquoi en septembre 1995, à Lorette, Mgr Boccardo, qui avait succédé à Mgr Rylko à la section Jeunesse du Conseil pontifical pour les laïcs, a organisé un rassemblement pour les jeunes européens qui n'avaient pu se rendre aux JMJ de Manille. Le rassemblement se tenait à Lorette. Deux cars étaient venus de France. Le cardinal Lustiger était là. La croix des JMJ était présente. Comme cela lui est arrivé plusieurs fois au cours de ses voyages à travers le monde, elle est tombée. Réaction du cardinal : « Relevez-la. C'est comme cela qu'elle tient debout. » C'est une belle phrase, admirablement symbolique. Mgr Dubost était aussi présent à Lorette.

À quel titre, maintenant qu'il était évêque aux Armées ?

C'était toujours lui qui était l'accompagnateur des JMJ au plan national, pour le compte de l'Épiscopat. À Lorette, Mgr Dubost s'est gravement blessé à la colonne vertébrale. Si bien que la préparation de Paris s'est faite, pour une bonne part, aux Invalides, où il était hospitalisé : c'était normal puisque, comme évêque aux Armées, il était militaire.

Commence alors la préparation officielle des JMJ de Paris.

Le pape les annonce effectivement à Manille. Plus exactement, à la fin de la Messe du dimanche, le pape a fait venir le cardinal Lustiger auprès de lui et lui a donné la parole pour qu'il fasse l'annonce.

Mais, à Paris, quelle est la date du lancement officiel ?

Le 4 mai 1996, à Notre-Dame de Paris. Nous étions à quinze mois de l'événement. Chaque paroisse, chaque groupe, chaque mouvement recevait, à la fin de la messe, une grande bougie verte : elle symboliserait la prière et la préparation de la Journée, tout au long de l'année.

Des Journées mondiales ne s'improvisent pas.

Si celles de Paris ont réussi, c'est pour des raisons multiples : le charisme du pape, l'engagement du cardinal Lustiger, l'expérience des JMJ précédentes, l'attractivité de Paris, la commodité des moyens de transport, etc. Grâce au réseau RER, toute l'Île-de-France est à moins d'une heure du centre de Paris. Même une grande ville comme Lyon n'offre pas ces possibilités : Taizé a dû renoncer à y organiser un de ses rassemblements. Pour Paris même, bien avant l'annonce des JMJ, la dynamique d'Initiatives Jeunes tendait à décloisonner les différentes composantes de la pastorale des jeunes.

Que recouvre l'étiquette « Initiatives Jeunes » ?

C'est la mission que le cardinal Lustiger m'avait confiée en 1990, en me nommant son « délégué » pour Initiatives Jeunes. Au départ, la coquille était vide. Le premier budget qui m'avait été alloué s'élevait, si l'on peut dire, à 85 euros. J'ai déjà dit ce que j'avais entrepris pour rapprocher les divers mouvements de scoutisme les uns des autres. Mais il existe bien d'autres réalités : mouvements, aumôneries, Renouveau charismatique, groupes paroissiaux.

J'ai donc proposé, chaque année, à quelques membres de toutes ses entités, de se retrouver, ne serait-ce que pour faire connaissance et ne pas nourrir de fantasmes sur les autres. Nous étions environ cent quarante. Le cardinal participait régulièrement à cette journée. Chaque année, paraissait un annuaire « Paris-Jeunes » de quelque deux cents pages. Avec le plus de précision possible et sans parti pris, il énumérait tout ce qui concernait la pastorale des jeunes sur le terrain. Cet annuaire avait deux fonctions : chaque entité se voyait ainsi reconnue et, par ailleurs, les adultes avaient à leur disposition une mine de renseignements, à jour, pour orienter les jeunes.

En plus, à Paris, dès l'annonce des JMJ, le cardinal inscrivait la pastorale des jeunes comme une priorité dans la marche synodale entreprise en 1990.

Globalement, en France, l'annonce des JMJ a-t-elle été bien accueillie ?

Pas du tout. Elles n'ont été acceptées que grâce à la promesse du pape de venir, l'année d'avant, en 1996, pour un petit tour de France :

Saint-Laurent-sur-Sèvre, Sainte-Anne d'Auray, Reims et Tours. Les leçons qu'on aurait pu tirer du Parc des Princes en 1980 avaient été complètement oubliées. La question obsessionnelle était : qui paiera le déficit ? Autres refrains : « Il n'y aura personne. D'abord, au mois d'août, Paris est en vacances. » Où aller ? Le Parc des Princes est trop petit. Le Stade de France est trop grand, m'a-t-on dit.

Heureusement, nous avions le soutien de Mgr Billé, président de la Conférence épiscopale à partir de novembre 1996. J'étais délégué général pour les JMJ de Paris et j'étais accompagné du père Paul Destable, adjoint du secrétariat général de l'Épiscopat, puisque les JMJ se déroulaient à Paris mais concernaient toute la France.

Où était le centre névralgique de l'opération ?

Rue Saint-Vincent, à côté de la basilique du Sacré-Cœur. Les locaux étaient ceux de l'ancienne maîtrise de la basilique. Il a fallu les réaménager en bureaux, vaille que vaille et à la va-vite. L'hiver, il a fait très froid. Les canalisations du troisième étage ont claqué. L'eau s'est répandue et a gelé, formant, finalement, une couche de glace de vingt centimètres. Le plafond aurait pu s'écrouler. On a évacué les locaux et le plafond ne s'est pas effondré.

Du côté de l'État, vous avez été aidés ?

Oui, par les Armées, dont le ministre était François Léotard. Il a mis à notre disposition un certain nombre de jeunes effectuant leur service militaire, qui, à l'époque, durait dix mois. Ils ont été jusqu'à quatre-vingts. Le premier a été Guillaume Leriche, à partir de 1994. Par la suite, c'est lui qui a formé ces collaborateurs gratuits. Lui-même en garde d'autant plus de souvenirs qu'à l'occasion de la préparation des JMJ, il a trouvé sa femme. Le soir, les bénévoles descendaient de la rue Saint Vincent pour aller prendre un verre au bistrot « Le Refuge ». Guillaume a fini par épouser la fille du gérant, Delphine.

Dans les premiers temps de la préparation, c'était Alain Juppé qui était Premier ministre de Jacques Chirac. Au moment des Journées elles-mêmes, en 1997, c'était une période de cohabitation, le Premier ministre étant alors Lionel Jospin.

Mais cela n'a rien changé dans nos relations avec les pouvoirs publics. Le Premier ministre a immédiatement reconduit les dispositions arrêtées par le gouvernement précédent. Le sous-préfet Algré et le général Morillon ont été reconduits pour la coordination interministérielle. Il faut citer, en particulier, le préfet de police, M. Massoni, et son adjoint chargé de l'ordre public et de la sécurité, M. Mutz. Par exemple, nous avons servi de galop d'essai, en vue de la Coupe du monde football en 1998. La préfecture de police et la RATP ont créé, pour l'occasion, une salle de contrôle couvrant toute la région parisienne. Pendant les Journées elles-mêmes, la SNCF et la RATP avaient délégué un représentant permanent au PC des JMJ, rue Saint-Vincent.

Du côté privé, vous avez reçu des aides ?

En particulier, pour les voitures : Renault et PSA ont prêté, chacun de son côté, vingt-cinq voitures pour transporter les évêques qui devaient faire les catéchèses. Ce sont des jeunes qui conduisaient. Certains avaient un permis tout récent et ne connaissaient pas Paris : pas un véhicule n'a reçu la moindre éraflure. Les voitures ne portaient aucune publicité pour les marques.

Quels ont été les principaux acteurs ?

Nous avions fondé une association, dont Mgr Dubost a été élu président. Le metteur en scène du Champ-de-Mars et de Longchamp était Jacques Le Disez, qui a aussi fait les décors du Champ-de-Mars et de Longchamp, avec Jean-Marie Duthilleul, architecte. Ce sont les mêmes qui ont travaillé pour la messe du pape Benoît XVI, à Paris, en 2008. Au total, ce sont 8 000 volontaires qui se sont mobilisés pour les journées de Paris. *Paris Notre-Dame* dit même 25 000.

Il y aurait encore bien d'autres noms à ajouter : Maurice Creviller et Denis Thion, pour la communication ; Brigitte Navail, pour les bénévoles ; Gilles Drouin, comme Secrétaire général ; le commissaire général de la Marine, Bertrand Voizard, pour que tout ce monde ait à manger, sans trop perdre de temps ; Françoise Pelet faisait office de maîtresse de maison, rue Saint-Vincent. Au réfectoire était diffusée une lecture pieuse qui venait de la communauté des Sœurs bénédictines de Montmartre. Les jours de fête, le menu était amélioré, et ils étaient dispensés de lecture : autant dire qu'ils appréciaient beaucoup les fêtes.

Est-ce qu'il y a eu des incidents ?

Rien de grave, en particulier pour la santé. Comme disait, *a posteriori,* un des responsables : rien ne s'est pas passé comme prévu ; mais tout s'est bien passé. Par exemple, nous avions prévu un immense parking pour les autocars : au lieu de 2 000, il en est venu 300. Les chauffeurs ont fait comme les jeunes : ils se sont débrouillés. Si l'on veut trop encadrer, on est sûr d'être débordé. Ce qui s'est passé, en 2005, à Cologne. Il faut prévoir mais, surtout, avoir la capacité de réagir et de s'adapter.

Le problème principal qui s'est posé, c'est l'afflux de jeunes, très au-delà de ce que les pronostiqueurs raisonnables annonçaient quelques jours avant. Par exemple, avant la messe d'ouverture, célébrée par le cardinal, on s'attendait à 250 000. En fait, d'après la préfecture de police, nous étions 400 000. Le communiqué de presse était préparé, avec le nombre de 250 000. Pour une fois, l'estimation de la police aurait été au-delà de celle fournie par les organisateurs.

Et le financement ?

J'étais dégagé à mi-temps pour la préparation des JMJ, mais je n'étais pas pris en charge financièrement. La situation a changé quand Mgr Billé a été élu président de la Conférence épiscopale. Pour le reste, c'est le diocèse de Paris qui payait tout. Ce n'était ni sain ni normal. J'ai mis au point un tableau que je diffusais tous les quinze jours. Trois colonnes : les diocèses de France, les diocèses étrangers, les religieux et religieuses. J'inscrivais, au fur et à mesure, les dons reçus. Pendant des mois et des mois, la colonne des diocèses de France restait désespérément vide. Les communautés religieuses, au contraire, ont vite réagi. Les versements étaient assortis de la mention « don », ou « prêt », ou « prêt si vous pouvez rembourser ».

C'est Mgr Thomas, évêque de Versailles, qui a débloqué la situation du côté des diocèses de France. Ses relations avec le cardinal n'étaient pas excellentes. Mais il approuvait, chaleureusement, l'organisation des JMJ à Paris. Le diocèse de

Versailles a donné une contribution importante et Mgr Thomas souhaitait que ce soit connu. Il pensait que cela déciderait les évêques d'Île-de-France et ceux de l'Ouest, dont il était originaire. C'est ce qui s'est passé.

Malgré tout, le dimanche soir 24 août, il manquait 30 millions de francs.

Vous aviez mal calculé le budget ?

Pourtant, le budget a été refait huit fois, dans les détails. Le budget final était de 250 millions de francs et, pour les dépenses, nous nous y sommes tenus à un million près.

Ce sont donc les recettes qui ont déçu ? C'est curieux puisque vous étiez plus nombreux que prévu.

Effectivement, mais il faut savoir que les Espagnols sont venus par des agences de voyages et qu'un grand nombre de jeunes Français ont logé chez des parents ou des amis parisiens. Tous ceux-là n'ont payé qu'un forfait week-end (195 francs) ou dimanche (50 francs), alors que le forfait JMJ complet, avec le logement et les repas était de 860 francs, soit environ 170 euros : ce qui n'était pas excessif pour six jours !

Quand il y a un trou, il faut le boucher.

D'autant plus que nous avions promis que nous ne laisserions pas d'ardoise à l'Église de France. Le mardi soir, au journal télévisé de 20 heures, Mgr Dubost était interrogé. Quand on lui a demandé ce qu'il avait à dire, il a répondu : « Que les gens paient ! » Il a dit d'autres choses, évidemment. Mais l'appel a été entendu, car les téléspectateurs avaient vu les images de Longchamp. Il faut dire que nous avions bien travaillé avec Betty Durot. Au total, la télévision a consacré une quarantaine d'heures de direct aux JMJ. On dit que peut-être un milliard de personnes ont vu des images de Longchamp. En plus, il y a eu des produits dérivés et un courrier aux 110 000 donateurs qui s'étaient manifestés avant les JMJ.

Vous aviez pourtant fait la quête à Longchamp ?

Oui, dans des sacs-poubelles. Au début, les gens ont mis de l'argent, mais il a suffi qu'une personne mette une peau de banane pour que les suivants fassent pareil. À la fin, les sacs de quête sont devenus de vrais sacs-poubelles, au sens habituel du mot. Et donc, ils ont commencé à partir dans les camions à ordures. Quand je m'en suis aperçu, j'ai fait arrêter la manœuvre. J'ai fait livrer les sacs à notre PC. Dans les jours qui ont suivi, 50 personnes, surtout des femmes, courageuses, avec des gants et des masques, ont fait le tri.

Finalement, les recettes ont dépassé les dépenses et Bernard Spitz, qui supervisait ce dossier, a pu répartir cet excédent entre les diocèses, pour subventionner des actions en direction de la jeunesse.

Pour la publicité ?

Le cardinal a voulu travailler avec Publicis. Pour le logo, la bataille a duré longtemps pour revenir à ce que je pensais dès le début : Paris, c'est forcément la tour Eiffel. Les organisateurs des JO de 2024 à Paris, eux aussi, n'ont pas eu d'autre choix. Quant aux phrases affichées dans le métro, M. Lévy, successeur de Bleustein-Blanchet a proposé de prendre tout simplement des phrases de l'Évangile : on n'en trouverait pas de meilleures, disait-il.

Comment se sont faites les inscriptions ?

Elles sont venues lentement. Assez près de la date, au début de l'été, il n'y avait que 300 000 inscrits. Mgr Boccardo, de Rome, m'appelait sans cesse pour me dire que c'était une catastrophe, que jamais cela ne s'était produit. J'étais obligé de reconnaître qu'il n'y avait ni cars annoncés ni trains spéciaux. Les médias français n'étaient guère encourageants.

Les jours passant, les inscriptions n'affluaient toujours pas ?

Non. La pression montait. Du côté de Rome, du côté du cardinal, du côté des médias. J'avais le pressentiment que les jeunes Français, en fait, viendraient, mais à la dernière minute et par leurs propres moyens. Pour me faire une idée sur le terrain, j'ai décidé de quitter Paris pour le 15 août et d'aller à Mesquer, près de La Baule. J'y avais un copain curé et je connaissais le père Moutel, qui s'occupait des jeunes pendant la saison. C'est près de Pontchâteau, où Mgr Soubrier avait prévu de rassembler les jeunes pour le 15 août. J'irais plonger une tête dans l'Atlantique, ce qui me ferait grand bien, manger du homard avec mon copain et, le lendemain, avec Moutel, aller à Pontchâteau : je voulais voir ce que donnait un rassemblement de jeunes à quelques jours des JMJ de Paris.

Constat ?

Pontchâteau, noir de monde pour la messe. Alors qu'on n'était qu'à 40 kilomètres des plages de la Baule, de Pornic, etc. Il y avait peut-être 5 000, 6 000 personnes. Incroyable ! Pendant la communion, j'ai fait un tour, en interrogeant les jeunes. « Vous êtes contents ? – Oui. – Et maintenant, qu'est-ce que vous allez faire ? – Eh bien, on va à Paris. – Comment y allez-vous ? – On a une camionnette ; on peut tenir à 8. – Vous êtes inscrits ? – Non, non. – Où dormirez-vous ? – Chez une cousine, à Montparnasse, qui roule ses tapis. »

Je fais de petits calculs et, par extrapolation, j'arrive à un nombre de l'ordre de 600 000 à 700 000. Peut-être 1 000 000, avec les étrangers, à Longchamp. Je téléphone au cardinal : il était rassuré. Deux jours plus tard, à une conférence de presse, c'est le cardinal lui-même qui a pris la parole pour redire que les jeunes seraient beaucoup plus nombreux que les inscriptions enregistrées jusqu'à ce jour ne le laissaient croire.

Les JMJ de Paris, vues par le cardinal Jean-Marie Lustiger

Quelle a été, pour vous, la particularité de ces Journées mondiales de la jeunesse ?

Comme plusieurs millions de personnes, j'ai été témoin et participant d'un grand événement spirituel. C'est l'œuvre de la nouvelle génération, celle dont les parents « ont fait Mai 68 ». Ces jeunes ne se révoltent pas contre leurs parents, ni contre la société. Ils posent des questions. Ce n'est certes pas en une semaine qu'ils auront appris à vivre ce que ne leur ont transmis ni la société ni leurs parents. Mais ils auront entrevu qu'il existe un fondement solide sur lequel ils peuvent bâtir leur existence. Pour beaucoup d'entre eux, cet événement a permis de franchir un pas décisif.

Que recherchent les jeunes ?

Ils cherchent à exprimer une question : quel est le sens de la vie ? Comment vivre une existence qui en vaille la peine ? Ils ne savent pas ce que sera la réponse, mais ils la cherchent avec force. Dans cette quête, ils sont désarmés : ils n'ont pas toujours l'expérience ni les idées nécessaires pour penser et comprendre ce qu'ils cherchent ; ils n'ont pas non plus les mots pour l'exprimer. Ils peuvent errer, aller à l'encontre de ce qu'ils souhaitent, se blesser, être victimes d'expériences qu'ils paieront chèrement. Mais leur droiture, leur volonté d'aboutir sont impressionnantes, et ils parviennent à faire leur chemin.

Quel enseignement pour l'Église ?

Ces jeunes appartiennent à une génération qui n'a pas été catéchisée. Quand on leur propose sereinement, en toute vérité, le mystère du Christ, de l'Évangile, ils sont là. Pour autant, ils n'écoutent pas bouche bée ; ils posent des questions ; ils font des objections ; ils réfléchissent ; ils réagissent.

Le secret de ces Journées mondiales et de leur réussite est d'avoir refusé une option marketing ou, si vous préférez, de privilégier ce qui nous aurait semblé attractif pour les jeunes. Au contraire, nous avons cherché la vérité, la rigueur, la pureté spirituelle. Dans la veillée du samedi, par exemple, c'est la liturgie de l'Église qui a été vécue. Certains redoutaient que les jeunes aient une réaction négative, qu'ils soient rebutés par une veillée trop austère. Ce fut le contraire : l'action liturgique a été le révélateur de ce qu'ils cherchaient et qu'ils ne savaient pas nommer. La Parole de Dieu, portée par le mystère sacramentel, va à la rencontre du désir le plus profond de la liberté humaine et lui dévoile ce qu'elle n'osait espérer. Dieu lui-même nous invite à avoir cette audace.

Et maintenant ?

Il faut prendre les jeunes au sérieux : c'est ce qu'ils souhaitent. La jeunesse n'empêche pas d'être majeur spirituellement. Cette génération campe aux portes de l'Église comme elle campe aux portes de la société. Il faut leur faire de la place et apprendre à partager avec eux la responsabilité de la vie de l'Église. Et c'est bien ce qui vient de se passer. À Paris, en beaucoup d'endroits, jeunes et moins jeunes se sont retrouvés attelés à une tâche commune dans l'organisation et la préparation des JMJ. Il n'y a pas de raison que cela s'arrête. Pour Paris, jusqu'à l'an 2000, nous allons, je l'espère, avancer hardiment dans la brèche ouverte par les JMJ.

Le dimanche à Longchamp, votre « Merci, Saint-Père », était un cri du cœur. Pourquoi ?

Ces quelques mots traduisaient l'émotion : nous étions en train de vivre un moment d'une beauté sans pareille ! Les gens de ma génération perçoivent souvent notre époque comme un désert spirituel. J'avais, au contraire, le sentiment d'être témoin d'un jaillissement de vie. Je pensais à la vision d'Ézéchiel, le fleuve d'Eau vive qui fait naître la surabondance de la vie dans les terres mortes.

Quelle a été la réaction de Jean Paul II ?

Il est très heureux. Il voit s'accomplir l'espérance qu'il a maintes fois exprimée pour notre pays. Pendant ces quatre jours, j'ai vu de près à la fois sa fatigue et sa force. Le Pape, oublieux de lui-même, montre quelle liberté spirituelle habite le bon et fidèle serviteur : il doit faire le travail que lui confie son Maître et il l'accomplit. Ce témoignage m'a bouleversé.

Propos recueillis par Philippine de Saint-Pierre et Gilles Donada, Paris Notre-Dame, n° 699

Paris en fête

MGR MICHEL DUBOST,
album officiel des JMJ de Paris (*Magnificat*)

Paris est fait pour être jeune. Paris est fait pour qu'on chante dans ses rues, pour qu'on se parle et jamais Paris n'a été aussi beau. La lumière était si belle, le long de la Seine et de ses quais pleins d'une jeunesse bariolée. Paris avec toutes ses églises ouvertes, vivantes, vibrantes, et samedi, toutes les cloches qui sonnent accompagnées de tous les klaxons qui résonnent comme pour un mariage. C'était comme si Paris célébrait ses noces avec la jeunesse. Les jeunes n'ont pas envahi Paris. Ils l'ont habité de leur jubilation.

Arrivent les jours J.

Pour la première messe, célébrée par le cardinal, je voyais le Champ de Mars qui se remplissait. Avant le début, l'officier de liaison avec la préfecture me dit que, d'après ses calculs, nous serions entre 500 000 et 600 000. Il téléphone au préfet de police, M. Massoni, pour lui communiquer ces chiffres. Le préfet lui répond : « Mais enfin, Monsieur, vous avez bu ! » L'officier a confirmé et le préfet a conclu : « Si c'est cela, j'arrive tout de suite. »

Avec la télévision, j'avais pu prévoir que le cardinal aurait quelques minutes pour s'adresser à la foule et aux téléspectateurs. Je lui avais dit : « Faites les annonces, comme un curé de paroisse, donnant les prochains rendez-vous : venez à Longchamp samedi ; venez à la messe dimanche, avec le pape. » Il l'a fait et le message a été entendu.

Une des originalités des JMJ de Paris, ce furent les baptêmes.

L'accord des services romains n'a pas été facile à obtenir. Ils pensaient qu'il ne fallait rien ajouter au thème de la Journée mondiale. Chacun des interlocuteurs du pape pensait que celui-ci était de son avis. Si bien que certains disaient : « Nous avons plusieurs papes. » Finalement, le cardinal a emporté la décision. À la sortie de l'entrevue avec lui, le cardinal a même déclaré que c'était le pape qui demandait qu'il y ait des baptêmes à la veillée du samedi soir. Le pape parlait par la bouche du cardinal.

Les catéchumènes étaient au nombre de douze, venant de tous les continents. Il fallait les accueillir, les mettre à l'abri des médias, prévoir une retraite de préparation, trouver des parrains et marraines, remplir les registres. On a fabriqué un registre spécial, qui doit être, aujourd'hui, dans les archives de l'archevêché. C'est le père Ducornet, qui était aumônier d'étudiants à Nanterre, qui s'en est occupé. C'est un ami, sommelier de son état, qui a calligraphié les noms de tout ce monde sur les registres.

Est-ce que d'autres baptêmes ont été célébrés depuis aux JMJ ?

Je ne crois pas. À la veillée du samedi soir, il ne faut pas forcément célébrer des baptêmes. Mais il faut un geste fort. Par exemple, les premiers vœux ou les premiers engagements de jeunes en vue de la vie consacrée ou du sacerdoce. Ce seraient des hommes et des femmes, d'un âge proche de celui des participants. Mais pour prendre ce genre d'initiative, il faut avoir un peu d'audace. Or, il n'y a pas beaucoup de Lustiger dans le monde.

Une des images de Longchamp, ce sont les chasubles Castelbajac.

Gratuitement, le grand couturier Jean-Charles de Castelbajac a proposé un modèle de chasuble pour les prêtres et les évêques. C'étaient des chasubles blanches, avec une large bande de couleur pour les prêtres : vert, bleu, rouge, orange et jaune. Les chasubles des évêques portaient les cinq couleurs. Mais, pour les évêques, il y avait aussi le problème des mitres. C'est ma sœur qui avait constitué un atelier pour fabriquer des mitres. Au départ, je lui en avais demandé trois cents. Régulièrement, je lui en demandais cent de plus. Finalement, je crois qu'il y avait près d'un millier d'évêques.

Pendant les JMJ a eu lieu la béatification d'Ozanam.

Cela non plus n'allait pas de soi. Le cardinal y tenait : Ozanam était un laïc, universitaire, enseignant à Paris, conscient de la misère de beaucoup de Parisiens et voulant réagir en actes et pas seulement en discours, fondateur des Conférences Saint-Vincent-de-Paul, ouvert à l'évolution de la société. Sur ce point, comme sur les baptêmes, c'est le pape qui a donné le feu vert. À Notre-Dame, l'homme-clé pour les questions matérielles a été le sacristain, Joachim.

Les jeunes convergeaient vers Paris à partir du lundi. Que leur proposer ?

En dehors des catéchèses du matin, nous avons organisé le « Festival de la Jeunesse » pour les journées du mardi et du mercredi. Un livret permettait de repérer tous les sites, avec les animations qui s'y déroulaient, autour de huit thèmes différents : aux dimensions du monde ; sur des airs de fête et d'espérance ; dialogues et forums ; pour un monde meilleur ; des témoins et des saints ; veillées et prière ; web et multimédia ; art, culture et foi.

Il y avait aussi des itinéraires pour découvrir Paris. Les plus originaux étaient les huit itinéraires sur les traces des saints dont la vie est liée à Paris, depuis saint Denis et sainte Geneviève jusqu'à Frédéric Ozanam, sans oublier les premiers jésuites, Monsieur Vincent et quelques autres. C'est Mgr Guyard qui s'occupait de cela : il connaissait parfaitement Paris. Il aimait s'y balader : il était donc tout indiqué pour proposer ces chemins de découverte. Il était secondé par Françoise Pelet.

D'autres initiatives originales ?

Pour la première fois, les séminaristes de partout, présents à Paris, étaient invités à une célébration eucharistique. Elle a eu lieu à l'église Saint-Germain-des-Prés.

Le vendredi, quarante-deux chemins de Croix se sont déroulés dans Paris, sur des itinéraires déclarés à la préfecture. Sans aucun incident. Aux JMJ précédentes, il n'y avait qu'un seul chemin de Croix, effectué par le pape. À Paris, il a été démultiplié. Il en est resté quelque chose, car maintenant, chaque année, plusieurs chemins de Croix ont lieu dans Paris le vendredi saint.

Le samedi matin, avant d'aller à Longchamp, les jeunes ont formé une chaîne de la Fraternité, tout autour de Paris, sur les boulevards des

Maréchaux : c'était aussi une première. En théorie, elle devait durer 2,35 minutes. En fait, tout le monde savait bien qu'il y en aurait pour une heure. Elle était vraiment continue. Évidemment, dans certains quartiers, la chaîne était décuplée. Dans d'autres, sur un seul rang, les jeunes devaient tendre les bras au maximum. Mais la chaîne était continue.

Témoignage

J'ai participé à la préparation des JMJ de Paris pendant près de trois ans, puisque j'étais déjà à Manille en janvier 1995. Les souvenirs sont, évidemment, innombrables. En dehors des temps forts, communs à tous, j'en garderais trois.

D'abord, la rencontre préparée par ATD Quart Monde sur le parvis des Droits de l'homme au Trocadéro. À la fin de la rencontre, Madame Geneviève Anthonioz de Gaulle a embrassé le pape.

Le deuxième souvenir, c'est d'avoir fait le tour de Paris, le samedi matin, avec le père Jacquin : tout au long des boulevards des Maréchaux, les jeunes, en se donnant la main, formaient la « Chaîne de l'espoir », une chaîne ininterrompue.

Le troisième souvenir n'a pas la même valeur spirituelle, mais je ne suis pas près de l'oublier. Fin août 1997, il n'avait pas plu depuis des semaines et des semaines. Il faisait très très chaud. Le samedi et le dimanche, l'orage menaçait. Le dimanche soir, quand la porte de l'avion qui remmenait le pape s'est fermée, l'orage a éclaté.

GUILLAUME LE RICHE

D'où était venue l'idée de cette chaîne de la Fraternité ?

Mgr Michel Guyard, vicaire général de Paris à l'époque, était le responsable du Festival de la jeunesse. Il racontait que c'était une Parisienne du XVIIIe arrondissement qui avait eu cette idée.

Une chose que j'ai trouvée assez remarquable, c'est l'organisation des catéchèses le matin. Je le sais parce que j'en ai fait une, à Saint-Pierre-du-Gros-Caillou. Au lieu des deux temps habituels – conférence, puis questions –, la catéchèse était organisée en quatre temps : les jeunes recevaient au départ un petit texte sur lequel ils commençaient à réfléchir en groupe ; venaient ensuite l'exposé, puis un nouveau temps de réflexion en groupe avec la rédaction de questions à l'évêque catéchiste et, enfin, les réponses. La matinée se terminait par la messe.

C'est le père Jacques Gagey qui avait mis au point cette méthode qui a effectivement bien fonctionné.

Mais le plus novateur, c'était le passage par les diocèses.

Primitivement, les JMJ étaient prévues pour le 15 août. Mais il était important que les diocèses se sentent concernés. Pour cela, il fallait que les jeunes des autres pays passent quelques jours dans les différents diocèses de France. Le 15 août est une fête solennelle et populaire dans beaucoup de lieux à travers la France. Donc, les jeunes n'arriveraient pas dans un désert ecclésial. Cent mille jeunes étrangers ont été accueillis en province avant le rassemblement de Paris. Les familles volontaires auraient même pu en accueillir davantage.

La conséquence fut que les JMJ à Paris ont été décalées d'une semaine. Personne ne s'est rendu compte, au moment même, que le dimanche 24 août, jour de la clôture, correspondait à la Saint-Barthélémy, de sinistre mémoire œcuménique. C'est un ami, marié à une protestante, qui m'a téléphoné, un soir très tard, pour me le faire remarquer, sans dramatiser d'ailleurs.

Que faire ?

Il n'était plus question de changer la date. Finalement, une solution a été trouvée : la voiture du pape s'est arrêtée près de l'Oratoire du Louvre, approximativement à l'endroit où Coligny avait été défenestré. Le pape est descendu de la voiture et a prononcé quelques mots en présence des pasteurs qui avaient été invités. La veille, les différentes confessions chrétiennes étaient présentes à Longchamp, au moment où ont été célébrés les baptêmes : c'était un signe œcuménique fort, puisque le baptême nous est commun. Le pasteur Jean Tartier, président de la Fédération protestante de France, apporta au pape « ses respectueuses et fraternelles salutations ».

> Certes, la date du 24 août suscite, parmi nous et au-delà, quelques commentaires et interprétations. Mais aujourd'hui, nous n'en sommes plus à ces combats de

l'intolérance et du mépris réciproque, et cette coïncidence de date devrait être l'occasion de redire que nous ne voulons plus jamais ces formes d'intolérance entre Églises ou religions.

Finalement, cette bévue n'a pas eu de conséquences sur les relations avec les protestants. D'ailleurs, rétrospectivement, cette bévue était providentielle car, la semaine suivante, c'était la mort de Diana, qui a suscité une vague d'émotion qui aurait balayé les JMJ.

Avant ou pendant les JMJ, il y a toujours un colloque avec une centaine de jeunes qui finit par une rencontre avec le pape.

Elle a eu lieu lors d'une messe à Saint-Étienne-du-Mont. Le maire de Paris, M. Tiberi, était présent. L'église est à côté des anciens locaux de l'École polytechnique. Il était prévu que les élèves feraient une haie d'honneur au pape. L'uniforme comporte une épée, qu'ils appellent « la tangente », puisque ce sont des matheux. La sécurité a exigé qu'ils soient désarmés. L'aumônier n'était pas content mais le général commandant l'École a accepté.

Comment s'est fait le choix de Longchamp ?

Ce qui était prévu d'abord, c'étaient les Champs-Élysées. Les pouvoirs publics et les commerçants de l'avenue étaient d'accord. L'autel aurait été situé place de la Concorde, à l'emplacement de l'estrade du 14 juillet. Jacques Chirac, président de la République, avait donné son accord. Mgr Defois écrivit au président et au cardinal pour expliquer que c'était une très mauvaise idée, vu tout ce dont la place de la Concorde était chargée. Il proposait le Champ-de-Mars. Heureusement, le cardinal n'a pas accepté cette hypothèse : jamais la foule de Longchamp n'aurait tenu au Champ-de-Mars. Il a donc fallu trouver un autre emplacement.

Vous y avez gagné pour la disposition de la foule. Imagine les gens à l'Arc de Triomphe avec l'autel à la Concorde ! En plus, un peu de verdure faisait du bien.

Pour Longchamp, qui est propriété de la Ville de Paris, le problème était la protection de la piste proprement dite. Il faudrait forcément la traverser pour gagner le lieu du rassemblement. Or, si l'herbe de la piste est écrasée et si elle ne voit pas la lumière, elle brunit et les chevaux n'aiment pas cela. Ils risquent de trébucher. Il perd son prix ou il se tue. Or, m'a-t-on dit, un cheval, c'est plus cher qu'un homme…

Lors d'une grande réunion à l'hôtel de ville de Paris, les arguments pour et contre ont été avancés. Finalement, on se tourne vers M. Lagardère, président de France Galop, le concessionnaire de Longchamp. Il explique que ce n'est pas possible. Les risques sont trop grands que le terrain n'ait pas retrouvé son état normal avant les premières courses prévues à l'automne.

Certains proposent, pour les JMJ, d'aller à Deauville ou à Monthléry. Invraisemblable : les JMJ ont lieu à Paris ou elles n'ont pas lieu. La seule autre solution aurait été l'avenue du Trône et le bois de Vincennes.

Le maire, M. Tiberi, rappelle à M. Lagardère qu'il est concessionnaire de la ville de Paris jusqu'au mois de septembre et que le renouvellement de la concession n'est pas encore acté. Il va jusqu'à dire : faudra-t-il que j'aille jusqu'à la réquisition ? L'effet n'aurait pas été différent si le lustre était tombé du plafond.

M. Tiberi propose une suspension de séance. À la reprise, M. Lagardère dit que, tout bien considéré, il accepte. Nous avons aménagé des passages avec des trous pour que la lumière puisse passer, que la photosynthèse puisse s'exercer et que l'herbe de la piste ne se fane pas. En dehors de ces passages, la piste a été respectée.

Dans ce genre de grandes manifestations, il y a toujours quelques anecdotes pittoresques.

Par exemple, quand un train a fait demi-tour : des jeunes s'étaient trompés de gare. Arrivant, en pleine nuit, au terminus, ils n'ont évidemment pas trouvé leurs cars. En une heure, les cheminots ont réussi à renverser l'ordre de marche du train. Le président de la SNCF, M. Pépy, était tout étonné : en une heure a été réalisée une opération qui, d'ordinaire, dure quinze jours. Revenus à la gare de départ, les jeunes ont trouvé leurs bus, que la SNCF avait prévenus, je suppose.

Parmi les choses pittoresques, un groupe de douze Suisses est venu à cheval. Loger les Suisses, ce n'était pas un problème. Mais les chevaux…

Ils ont été hébergés par la Garde républicaine, à la caserne des Célestins.

Plus spirituel : un officier de CRS qui, me voyant passer, a voulu se confesser. Ses hommes étaient tout près, mais cela ne le gênait pas.

Une chose extraordinaire : l'atmosphère dans le métro. Joyeuse, détendue. Pendant quelques jours, la ville a été transformée. Lors de la chaîne de la Fraternité, un homme d'une quarantaine d'années s'adresse à un automobiliste : « Faites comme moi, Monsieur, prenez un jour de congé : vous ne verrez pas cela tous les jours ! » Pour éviter la bousculade, un policier se trouvait à la bouche du métro Ranelagh. Se voyant tout seul face à une marée de jeunes, il appelle ses chefs : « Je suis tout seul ; ils ne vont jamais m'obéir si je leur dis d'attendre quelques minutes. » En fait, ils ont obéi. À Longchamp, pendant la veillée, les jeunes discutaient avec les forces de l'ordre, à l'étonnement des uns et des autres.

Il faut aussi manger.

Manger et, d'abord, boire. Il faisait très, très chaud cette année-là, comme souvent d'ailleurs aux JMJ. Dans la nuit du samedi au dimanche, il a fallu faire venir à Longchamp trois semi-remorques avec des bouteilles d'eau. Pour la nourriture, la Sodexho avait très bien organisé la distribution. Elle avait préparé des « poêlées » pour douze jeunes, chargées dans des camions. Les chauffeurs étaient en relation avec leur central et se déplaçaient selon l'affluence plus ou moins grande de jeunes à tel ou tel endroit. Ainsi, il n'y a eu aucun gaspillage. Les relations avec la Sodexho ont été très bonnes : la preuve en est que Guillaume Leriche y a été embauché.

Donc, si je comprends bien, avec les JMJ, Guillaume Leriche a trouvé, à la fois, sa femme et un job. « Cherchez d'abord le Royaume de Dieu... »

JEAN PAUL II,
album officiel des JMJ de Paris (*Magnificat*)

Le spectacle de tous ces jeunes assemblés sur l'immense esplanade de Longchamp a donné une éclatante confirmation de cette vérité : malgré la diversité des langues, cultures, nationalités, couleurs de peau, ces jeunes des cinq continents se sont donné la main ; ils ont parlé, ri, prié et chanté ensemble. On voyait clairement que tous se sentaient comme chez eux, membres d'une unique grande famille.

À un monde déchiré par tant de divisions, congelé dans l'indifférence réciproque, soumis à l'angoisse et à une aliénation absolue, les jeunes ont lancé depuis Paris ce message : la foi dans le Christ crucifié et ressuscité peut fonder une fraternité nouvelle, où l'on s'accepte mutuellement parce qu'on s'aime.

Dans les témoignages sur les JMJ reviennent toujours les mots « rencontre », « ouverture », « Église universelle ». C'est normal, puisque ce sont justement des journées « mondiales ». Mais les jeunes font-ils une expérience de foi ?

Ce serait à chacun de répondre. Mais, dans des contextes très différents, je crois que la plupart répondraient positivement. Je vous cite deux témoignages, l'un d'une jeune Parisienne, l'autre d'une Soudanaise.

Témoignages

De retour dans l'Église depuis peu, après une longue période de rupture et de révolte, [je me suis inscrite aux JMJ] pour rendre au Christ un peu de ce qu'il m'a donné en me ramenant dans sa maison. J'ai participé seule à ces journées, n'ayant pas eu le temps d'intégrer un groupe. Mais, chaque soir, je rentrais chez moi avec le sentiment d'être pleine d'un sourire, d'un regard, d'une prière. Tout d'un coup, le sentiment d'être seule face à ma foi a disparu.

AMÉLIE[1]

Entendre sonner les cloches des églises de Paris m'a beaucoup émue, car cela ne se fait pas dans mon pays. J'ai pu exprimer ma foi en plein jour. Cela m'a redonné de l'espoir.

EVA[2]

Tu as souvent entendu la critique : le Frat, Chartres, les JMJ, ce sont des feux de paille. Quelques jours plus tard, il n'en reste rien.

Ce n'est pas vrai. Quand on écoute ceux et celles qui ont pris des engagements marqués, y compris jusqu'au sacerdoce ou la vie religieuse, ils se réfèrent souvent à ces rassemblements. Un des atouts de Chartres, c'est la répétition qui permet

1. *Paris Notre-Dame*, n° 699
2. *Paris Notre-Dame*, n° 696

un approfondissement, d'une année sur une autre. L'atout des JMJ, c'est au contraire leur caractère exceptionnel et leur durée : avec le temps dans les diocèses, près de quinze jours.

L'expérience est un peu différente pour ceux qui travaillent à la préparation. Dès le premier jour, il faut leur dire qu'ils ne verront rien de l'événement. Mais une communion se crée dans le service et elle dure longtemps. En plus, il est beau de voir des jeunes et des moins jeunes collaborer, dans l'estime réciproque : c'est important pour l'Église où les jeunes disent souvent ne pas avoir leur place.

Pour les organisateurs, le lendemain de l'événement est rude.

D'abord, on est extrêmement fatigués. Les semaines précédentes sont déjà intenses et les jours mêmes, on ne dort presque pas. Quand la porte de l'avion se referme sur le pape, il y a une sorte de dépressurisation, presque de dépression. Rapidement, chacun part de son côté. C'est seulement quelque temps plus tard que l'on ressent la grâce de l'événement.

Les JMJ en chiffres

1984, Rome : 300 000
Après le Jubilé de la Rédemption.

1985, Rome : 450 000
Année internationale de la Jeunesse.

1987, Buenos Aires : 1 000 000
Nous avons reconnu l'amour que Dieu a pour nous, et nous y avons cru.

1989, Compostelle : 400 000, dont 1 500 Français
Je suis le chemin, la vérité et la vie.

1991, Czestochowa : 1 600 000, dont 32 000 Français
Vous avez reçu un Esprit de fils.

1993, Denver : 500 000, dont 3 000 Français
Moi, je suis venu pour qu'ils aient la vie et qu'ils l'aient en abondance.

1995, Manille : 5 500 000, dont 350 francophones
Comme le Père m'a envoyé, moi aussi je vous envoie.

1997, Paris : 1 200 000, dont 800 000 Français
Maître, où demeures-tu ? Venez et voyez !

2000, Rome, Année Sainte : 2 000 000, dont 80 000 Français
Le verbe s'est fait chair et il a habité parmi nous.

2002, Toronto : 800 000, dont 8 000 Français
Vous êtes le sel de la terre, vous êtes la lumière du monde.

2005, Cologne : 1 200 000, dont 45 000 Français
Nous sommes venus l'adorer.

2008, Sydney : 450 000, dont 4 800 Français
Vous allez recevoir une force, celle de l'Esprit Saint : vous serez alors mes témoins.

2010, Madrid : 2 000 000, dont 50 000 Français
Enracinés et fondés en Christ, affermis dans le Seigneur.

2013, Rio de Janeiro : 3 000 000, dont 5 000 Français
Allez, de toutes les nations faites des disciples.

2016, Cracovie : 2 500 000, dont 60 000 Français
Heureux les miséricordieux, car ils obtiendront miséricorde.

2019, Panama : 700 000, dont 1 300 Français
Voici la servante du Seigneur : que tout m'advienne selon ta parole.

Les chiffres donnés sont ceux de la messe de clôture. Pour les JMJ de Paris, on estime qu'ont participé aux six jours des JMJ 200 000 Français, 60 000 Italiens, 40 000 Espagnols, 15 000 Américains du nord, 15 000 Polonais, etc.

Il y a une vie après les JMJ

Il se trouve que tes années d'organisateur du pèlerinage de Chartres correspondent à celles où j'étais moi-même évêque de Chartres : 1990-1997. Quelques mois avant les JMJ de 1997, j'étais nommé évêque de Tarbes et Lourdes. Nous nous sommes rencontrés, à l'automne 1997, par hasard, à Lille, chacun de nous participant à une session différente. Tu m'as expliqué que tu étais dans une année de transition. Tu n'étais pas très enthousiaste de cette solution. À Lourdes, j'avais besoin, immédiatement, d'un recteur. J'ai donc demandé au cardinal Lustiger s'il accepterait que tu viennes à Lourdes. Il a effectivement accepté.

À l'automne 1997, j'étais nommé à Notre-Dame-de-l'Assomption des Buttes-Chaumont, pour un an, afin de réapprendre le ministère paroissial, avant de devenir curé de Notre-Dame-de-Lorette. Cette année de recyclage ne me disait rien. J'étais donc disponible pour aller à Lourdes.

Qu'est-ce que tu savais de Lourdes avant d'y être nommé ?

Je savais qu'on y faisait le Frat. J'y étais déjà allé une fois comme pèlerin, quand j'avais quinze ou seize ans. Je m'étais baigné aux piscines. J'avais eu beau dire aux hospitaliers « Faites attention, je suis très lourd, laissez-moi faire », ils n'ont rien voulu entendre. Moyennant quoi, ils m'ont lâché et je me suis durement cogné la tête contre le béton.

J'étais venu aussi en 1983, lors du premier pèlerinage du pape Jean Paul II. Pour la rencontre avec les jeunes, une bousculade s'est produite dans une des rampes de la basilique Saint-Pie-X, la rampe de la porte Saint-Michel. La porte était ouverte en haut, mais la rampe était bouchée en bas. Finalement, avec des scouts, on a réussi à dégager tout le monde. Mais une vingtaine de jeunes étaient en mauvais état.

Deux années de suite, j'avais aussi été permanent, pendant une quinzaine de jours, au Pavillon du Lac, le pavillon de l'Action Catholique. J'avais pris mon temps de permanence au titre de la JIC. Je garde le souvenir qu'il ne passait pas grand monde à la permanence.

Pourquoi Lourdes convient-elle si bien aux jeunes ? Si quelqu'un doit pouvoir répondre à la question, c'est bien toi, puisque tu as la double expérience, d'organisateur du Frat et de recteur.

Et bien justement, je ne sais pas. De fait, ça marche : le Frat en est la preuve. La personnalité de Bernadette y est pour quelque chose. C'est un lieu de brassage. Le message de Lourdes est simple et clair : c'est l'Évangile. Chaque accompagnateur peut y trouver de quoi intéresser des jeunes. Pour les plus âgés, le service des malades, dans les hospitalités, est une expérience inédite. Mais il y a des facteurs beaucoup plus terre à terre : souvent, c'est la première fois que les jeunes descendent dans un hôtel. En tout cas tout seuls, sans les parents. Il faudrait voir si les jeunes prêtres d'aujourd'hui sont toujours accros de Lourdes.

De ton temps, nous avons invité le pape à Lourdes.

On a essayé deux fois. Les négociations avaient été assez loin, avec Mgr Boccardo, et même avec le secrétaire du pape, Mgr Dziwisz. Finalement, il est venu en 2004, après mon départ.

Au retour de Lourdes, en 2003, tu as été nommé recteur de Notre-Dame de Paris et, peu après, responsable de la Mission étudiante, au niveau national.

Pour Notre-Dame de Paris, le jour de mon installation, le 7 septembre 2003, le cardinal Lustiger a bien rappelé que j'avais seulement été « prêté » à Lourdes. Treize ans plus tard, le 4 septembre 2016, je disais adieu à la cathédrale. Après la Messe, Laurent Prades, le régisseur de la cathédrale, prononça le discours de circonstance qui m'a beaucoup touché. Il souligna qu'il y avait un lien entre Lourdes et Notre-Dame : la piété populaire. Il disait, même si ce n'est pas tout à fait exact, que j'avais été « gardien de la Grotte » à Lourdes et gardien de la Couronne d'épines à Notre-Dame. Peut-être aussi les processions de Lourdes, au bord du Gave, m'ont-elles inconsciemment aidé à imaginer les processions fluviales du 15 août.

Mais, pour la Mission étudiante, c'était un retour en arrière.

C'est Mgr Vingt-Trois qui me l'a demandé, quand il a succédé au cardinal Lustiger. Entre autres problèmes se posait celui du déménagement de la rue Vauquelin à l'avenue de Breteuil, dans le cadre du regroupement des services de la Conférence épiscopale. En fait, la Mission étudiante, qui comporte Chrétiens en grande école, n'est pas à proprement parler un service. Mais nous sommes quand même venus avenue de Breteuil. Nous étions à côté du Service des vocations. Les archives ont été envoyées au Centre national des archives de l'Église de France, à côté du séminaire d'Issy-les-Moulineaux.

Donc, dans ces années-là, tu as participé aux réunions nationales de la Mission étudiante, à la rentrée ?

Oui. Je n'étais pas complètement perdu, n'ayant quitté la pastorale des jeunes que quelques années plus tôt. Mais je n'avais accepté que pour trois ans : il faut savoir décrocher. Pour les JMJ, j'étais entouré d'une équipe de jeunes avec qui j'ai bien travaillé.

Le pape Jean Paul II et le cardinal Lustiger

Ton ministère auprès des jeunes s'est exercé principalement au temps du pape Jean Paul II et du cardinal Lustiger. Comment expliques-tu l'engouement des jeunes pour Jean Paul II ?

Évidemment, par le charisme personnel et le fait qu'il était relativement jeune. En plus, on n'était plus dans le creux des années 1970. Car le contrecoup négatif de 68 ne s'est pas manifesté tout de suite. Ceux qui avaient « fait 68 » dans les universités en avaient plutôt tiré profit personnellement.

Personnellement, je situe le « creux » vers 1973, quand les étudiants de ces années-là étaient adolescents au moment de 1968. Je me rappelle qu'une année, nous avions hésité à organiser le pèlerinage de Chartres parce que plus personne, parmi les jeunes, ne voulait prendre de responsabilité. « Il est interdit d'interdire », c'est bien beau, mais si vous fumez dans les granges, il y a danger. Quand Jean Paul II est élu, c'est une nouvelle génération.

À l'époque de Jean Paul II, les jeunes exprimèrent une recherche du Beau, du Vrai et du Bien, mais aussi du Spirituel.

Le Beau concerne notamment la liturgie. Sœur Emmanuel m'a dit un jour : « Nous avons le rite qui est si beau dans la liturgie : gardons-le, mon père. » Le rituel des sacrements, et en particulier de la messe, ne doit pas être « trifouillé », mais développé comme il le demande. Que le cadre aussi, si possible, soit beau.

Pour le Vrai, les jeunes des années 1980 souhaitaient que leurs curés les enseignent. Ils voulaient sortir des tables rondes, ateliers et autres carrefours, pour savoir ce qui est vrai et ce qui n'est pas vrai.

Que les catéchèses disent aussi où est le Bien, où est le Mal. Que l'Église n'en reste pas au niveau sociologique.

Quant au Spirituel, il faut qu'il puisse se partager. Il faut le rendre visible. D'où la nécessité des rassemblements.

Ces requêtes correspondaient bien à ce que souhaitait Jean Paul II. L'Esprit Saint s'est servi de la conjonction entre les aspirations du moment, la personnalité de Jean Paul II et un certain nombre d'évêques, de prêtres et de laïcs désireux de reprendre l'initiative en direction du grand nombre. Les Journées mondiales de la jeunesse en ont été la manifestation la plus claire. En fait, il faudrait plutôt dire que ce furent des Journées mondiales de l'Église, et non seulement de la jeunesse. Déjà en 1980, quand le pape dit au Bourget « France, qu'as-tu fait de ton baptême ? », il nous invitait à nous réveiller. Il a donné un coup de fouet à tout ce qui existe par ailleurs comme groupes divers.

Il y a aussi un aspect plus personnel.

Le style de Jean Paul II, à la fois magistral et décontracté, convenait aux jeunes. Il les accueillait sans trop s'encombrer des problèmes de sécurité. Les jeunes étaient aussi sensibles au fait que Jean Paul II était capable de parler avec tous les chefs d'État du monde pour leur dire ce qu'il avait à leur dire.

Témoignages

J'aime cet homme qui dit les choses clairement. Éternel empêcheur de tourner en rond. Annonçant son message. À temps et à contretemps. Éternel incompris aussi. Il prend des risques. Et notamment celui de ne pas plaire à tout le monde. À Paris, nous étions un million à l'ovationner à Longchamp. Preuve que le vieil homme est encore populaire. « Il s'est passé quelque chose », a titré *L'Humanité* le lendemain.

AUDE[1]

Il a rencontré tellement de chrétiens à travers le monde qu'on a l'impression de serrer la main de l'Église.

CHRISTOPHE[2]

[Le pape est bien vieux], mais cela ne me dérange pas. Bien au contraire, l'Église doit être dirigée par un homme ayant une longue expérience. L'inverse m'inquiéterait.

DONELLA[3]

1. *Génération JMJ,* Fayard, Paris, 1997
2. *Paris Notre-Dame,* n° 696
3. *Paris Notre-Dame,* n° 696

Beaucoup de jeunes ont fait une sorte de retraite itinérante avec Jean Paul II. Parmi eux, il y a eu beaucoup d'engagements, pour le sacerdoce, pour la vie religieuse, dans le mariage. C'est cette génération qui était la plus présente au moment de ses obsèques. Sur la tombe de Jean Paul II, le pèlerinage continue.

Tu connais le slogan des médias sur le rapport entre le pape et les jeunes : ils aimeraient le chanteur et pas la chanson.

C'est un slogan de médias, obnubilés par les questions de sexualité, alors que, comme je l'ai déjà dit, elles tiennent très peu de place dans les paroles du pape aux diverses JMJ. Les jeunes appréciaient que quelqu'un ait pris une initiative qui leur soit spécialement destinée et qui leur permette de se rencontrer : les heures passées avec le pape ne sont qu'une petite partie des JMJ.

En Jean Paul II lui-même, ils appréciaient la force et, dans les dernières années où il était si fatigué, le courage. Les paroles du pape étaient exigeantes, et pas seulement au plan moral. Les jeunes les approuvaient, tout en sachant qu'ils resteraient très en deçà. Ce n'est pas de l'hypocrisie : on peut savoir qu'une chose est bonne et désirable, s'y reconnaître et savoir qu'elle reste un idéal.

À chaque confession, nous disons à Dieu « notre ferme résolution de ne plus vous offenser ». Autrefois au moins, les évêques avaient des devises : aucun d'eux n'aurait prétendu être à la hauteur de sa devise.

As-tu un souvenir personnel d'une rencontre avec le pape Jean Paul II ?

Une fois, avec ma famille, j'avais été invité à la messe quotidienne du pape. À la fin de la messe, il parle un moment avec nous et propose que nous entonnions un chant à la Vierge. J'entonne un « Je vous salue, Marie ». Il chante lui-même, fort et faux comme d'habitude. Dans la chapelle, il y avait une statue de la Vierge : il lui tournait le dos. Je l'ai pris par le coude, doucement, pour qu'il se tourne vers la statue. Il s'est tourné, sans manifester le moindre énervement.

Et avec le cardinal Lustiger ?

J'ai évoqué la toute première. Je pourrais évoquer la dernière, ses obsèques à Notre-Dame, dans les années où j'étais recteur. Avec les chapelains, même ceux qui étaient assez critiques à son égard, nous avons porté son cercueil. La nuit, à tour de rôle, nous avons veillé près de celui qui avait été notre chef : je n'hésite pas à employer ce terme.

Quelles initiatives du cardinal Lustiger retiendrais-tu comme les plus importantes ?

Elles sont tellement nombreuses ! La radio, la télévision, l'École cathédrale, le séminaire, les Bernardins… Mais il ne faut pas oublier la Fondation Notre-Dame, qui subventionne beaucoup d'initiatives humanitaires. Il a encouragé « Aux captifs, la libération », pour les gens de la rue. Il a voulu la reconstruction de la clinique Jeanne-Garnier pour les malades en phase terminale.

Il savait, quand il était encore aumônier d'étudiants, par ses confrères jésuites de Laënnec, qu'après l'avortement, ce serait l'euthanasie qui serait en question.

Il s'est très vite intéressé aux travaux d'Elisabeth Kübler-Ross, qui publie son premier livre en 1969.

Dans les autres initiatives, il y a aussi celle d'avoir regroupé le gouvernement du diocèse, les vicaires généraux, les services, autour de Notre-Dame. Les Bernardins ne sont pas très loin, juste sur l'autre rive. Ce n'était pas seulement par commodité. Il voulait, comme dans la plus ancienne tradition, rassembler les trois fonctions épiscopales : la sanctification, l'enseignement, le gouvernement.

Tu as vu souvent le cardinal Lustiger en présence du pape. Percevais-tu une connivence entre eux ?

Oui, une grande complicité. Avec du respect, de la déférence de la part du cardinal.

Nous voici arrivés au terme de ces entretiens. Tu disais qu'après ton ordination, tu aurais préféré une mission auprès des adultes. En fait, la plus grande partie de ton ministère jusqu'à aujourd'hui s'est située dans le monde des jeunes. Un regret ?

Non. D'abord, parce que regretter ne sert à rien. Peut-être aussi parce que le ministère auprès des jeunes donne une certaine audace, une certaine liberté de ton, qui heureusement demeurent quand l'Église vous appelle ailleurs. Avec les jeunes, il faut sans cesse se renouveler, tout en étant solide sur le fond. C'est une bonne préparation à d'autres ministères.

Un souhait pour finir ?

Une prière : que des jeunes d'aujourd'hui acceptent la vocation à servir les jeunes de demain pour leur annoncer la Bonne Nouvelle.

Le Parc des Princes
1er juin 1980

Par Mgr Jacques Perrier

Dans les premiers jours d'avril 1980, la France apprend que le pape Jean Paul II visitera le pays du 29 mai au 2 juin. La surprise est grande : ce pape, élu dix-huit mois plus tôt, est encore peu connu ; son pays d'origine, la Pologne, moins encore. Pourquoi une annonce aussi tardive ? Que vient-il faire en France ? Est-ce pour nous faire la leçon ? Autant le dire : le premier mouvement n'est pas celui de l'enthousiasme. Le virus gallican est toujours prêt à se réveiller. En plus, depuis le Grand Retour de Notre-Dame de Boulogne à la fin de la Seconde Guerre mondiale, l'Église catholique n'a plus organisé de grands rassemblements populaires.

Où, quand, comment, combien ?

C'est dans ce climat que, le samedi 19 avril dans l'après-midi, j'apprends que je dois organiser une rencontre du pape avec les jeunes, dans la soirée du dimanche 1er juin. La désignation émane du Conseil épiscopal de Paris et donc, ultimement, du cardinal Marty. Je n'ai jamais su qui avait proposé mon nom. Sans doute, le fait que j'aie dirigé le pèlerinage de Chartres de 1970 à 1979 et ma relative disponibilité au printemps 1980 ont paru des arguments suffisants. Je ne recevais aucune directive, ni aucuns moyens. J'habitais au dernier étage d'un collège catholique, avenue de Saint-Ouen, sans interphone et sans téléphone : je ne risquais donc pas d'être dérangé.

Pour la participation des jeunes, les estimations des membres du conseil oscillaient entre quelques milliers et un maximum, pour le plus optimiste, de douze mille cinq cents. Mon interlocuteur serait Mgr Marcus, évêque auxiliaire de Paris, coordinateur de toute la visite apostolique du Saint-Père.

Un schéma de veillée m'est venu assez rapidement à l'esprit. Mais il fallait d'abord trouver un lieu. J'arpentai plusieurs places de Paris. Je pensai à l'esplanade de Beaubourg. Informés, les Pouvoirs publics firent savoir qu'il leur faudrait, préalablement, purger le quartier d'éléments peu compatibles avec le type de rassemblement envisagé. La perspective d'une opération de police préventive suffit à écarter cette hypothèse.

C'est alors que le Père Hiret, chancelier du diocèse de Paris, fit une proposition audacieuse : demander à la Mairie de Paris de mettre à notre disposition le Parc des Princes, soit cinquante mille places. En 1937, la Jeunesse Ouvrière Chrétienne (JOC) y avait tenu son grand rassemblement. Mais, avec les prévisions numériques mentionnées plus haut, cette piste n'était-elle pas hasardeuse ? Il eût été discourtois de faire parler le pape devant des gradins à-demi déserts. Pourtant, la demande fut adressée et la Mairie de Paris accepta. Un stade comporte des risques, en cas d'émeute. Mais le Parc offrait bien des avantages : les installations pour les spectateurs, l'éclairage, la sonorisation. De plus, la mise à disposition était gratuite.

Comment permettre aux jeunes de s'exprimer ?

Une autre opportunité se présenta. L'hebdomadaire *La Vie catholique* avait proposé aux jeunes d'écrire une « Lettre ouverte au pape et à l'Église ». Malgré les délais très courts, un millier de lettres leur étaient parvenues. Le Rédacteur en chef, Jean-Claude Petit, m'autorisa à les consulter. Je choisis six lettres. Puisque le pape souhaitait une rencontre, des lettres permettraient d'amorcer le dialogue. Sur les auteurs des lettres, trois purent être retrouvés et, le jour J, lurent leur lettre devant le pape.

Les lettres étaient de tonalités assez différentes. La première était un acte de confiance dans le pape « à cause du Christ » ; la deuxième déplorait que les jeunes chrétiens ne soient pas assez reconnus dans l'Église ; la troisième s'indignait devant tout le mal que les hommes commettent ; la quatrième était une profession de foi en Dieu parce qu'il est « tout simplement génial » ; la dernière était un témoignage de conversion.

La cinquième fit beaucoup jaser. Elle venait d'un garçon qui se présentait comme non croyant et qui, tout simplement, profitant de cette « occasion exceptionnelle », interrogeait le pape sur la foi. Le ton de la lettre n'avait rien de provocateur mais, dans les jours qui ont suivi la rencontre, certains jugèrent scandaleux qu'un semblable texte ait été lu devant le pape, tandis que d'autres regrettaient que le pape n'ait pas répondu directement à ce jeune homme. La rumeur parvint à Rome et le pape réagit auprès du cardinal Marty : il n'avait pas du tout trouvé la question inconvenante et il chargeait le cardinal de reprendre contact avec l'auteur de la lettre. Mais la petite polémique déclenchée par quelques-uns montrait qu'ils n'étaient guère prêts au dialogue. Qu'ont-ils pensé quand le pape Benoît XVI ouvrit le « parvis des Gentils » et invita des non-croyants à la rencontre d'Assise 2011 ?

Pour les réservations, la permanence fut établie au sous-sol du palais des Congrès de la Porte Maillot, où le diocèse de Paris avait, alors, un centre d'information. Malgré la frilosité du démarrage, il apparut vite que les jeunes répondraient en grand nombre à l'invitation. Pourtant, à l'époque, avant les Journées Mondiales de la Jeunesse, quand n'existaient encore que deux chaînes nationales de télévision, le pape n'était pas une star.

Pour laisser une place aux retardataires

La sensibilisation s'opérait plus ou moins vite selon les diverses tendances existant dans l'Église et donc, aussi, dans sa jeunesse. Pour que les ouvriers de la 9e, voire de la 11e heure, ne soient pas exclus, il fut décidé d'attribuer les places en deux étapes.

Dans un premier temps, les groupes, mouvements, communautés, paroisses, aumôneries, institutions formulaient une demande de places. À la date fixée, les demandes atteignaient quatre-vingt mille. Entre-temps, les moins réactifs avaient pu se manifester. Dans un deuxième temps, les places furent attribuées au prorata des demandes, environ dans la proportion de 60 %. Un peu moins peut-être pour telle ou telle organisation qui se présentait sous de multiples noms, pressentant qu'au dernier moment, des jeunes viendraient les voir pour entrer au Parc. Il fallait aussi veiller au respect des limites d'âge : 15 à 25 ans. Pour les trente mille candidats excédentaires, il fut, un moment, envisagé de retransmettre la rencontre dans un stade voisin. Solution abandonnée, notamment parce que nous ne disposions d'aucun budget.

Le pape ne se trouverait donc pas devant des gradins à moitié vite. Je me rappelle, cependant, quelques jours avant le 1er juin, une réunion où des notables m'expliquaient que les jeunes ne viendraient pas. Ce qui n'empêcha pas quelques-uns, à la sortie de la réunion, de me demander si je n'aurais pas quelques places à leur accorder.

Questions / Réponses

Avec leur billet, les jeunes recevaient une liste de questions sur lesquelles ils souhaitaient que le pape s'exprime. Il y en avait vingt-et-une. Les jeunes devaient en cocher trois et les réponses étaient attendues avant le 25 mai. Six mille cinq cents avaient eu le temps de répondre. Leur sélection était très intéressante. Venait en tête la dernière : « Et si nous n'avions pas posé de questions, spontanément, vous-même, qu'est-ce que vous auriez eu envie de nous dire ? » Venaient ensuite, dans l'ordre : Que peuvent les jeunes pour empêcher la guerre ? Qui est Jésus-Christ pour vous ? Pour la sexualité, l'Église prend souvent des décisions assez strictes : pourquoi ? Comment être témoins du Christ aujourd'hui ?

Le pape reçut, je ne sais comment, la liste des questions. Quand il les eut sous les yeux, il ne pouvait pas savoir quel serait le résultat du sondage. Le dimanche précédant la rencontre était jour de Pentecôte : l'après-midi, pas d'audiences ! Sans rien dire à personne, le pape se mit à rédiger un discours en forme de réponse aux questions. Il ne les reprend pas l'une après l'autre et il croise ses réponses avec celles de Jésus interrogé par le jeune homme riche. Ce discours est une perle, authentique. Les médias n'ont retenu que deux phrases, parce qu'ils sont eux-mêmes obnubilés : « La permissivité morale ne rend pas les hommes heureux. La société de consommation ne rend pas les hommes heureux. »

Dimanche 1er juin

Le pape fut accueilli à Paris le vendredi 30 mai par le Président Giscard d'Estaing. Il se rendit ensuite à Notre-Dame, puis à l'hôtel de ville, le maire étant Jacques Chirac. Il descendit ensuite la Seine en bateau-mouche jusqu'au pont de l'Alma, les Parisiens l'acclamant depuis les rives et du haut des ponts. La ferveur populaire se donnait libre cours. Mais le lendemain, samedi, ce fut la tempête. Dans l'après-midi, était prévue une répétition pour l'assemblage du puzzle qui devait occuper le centre de la pelouse du Parc. Elle avait la dimension du rond central, environ deux cent soixante mètres carrés. Au centre, une croix, autour de laquelle devaient s'assembler pendant la rencontre des pièces représentant des visages, la forme des continents et un arc-en-ciel. Pendant la répétition, les pièces s'envolèrent et certaines se cassèrent. Le moral n'était pas au beau fixe et les trois cent mille personnes qui se rendirent au Bourget pour la Messe furent vraiment courageuses : on l'a oublié.

Le dimanche soir, miracle, soleil ! L'heure qui précéda l'arrivée du pape fut bien occupée. Tout en mangeant leur sandwich, les jeunes chantèrent. Ils écrivirent aussi une carte postale qu'ils avaient apportée : les cartes iraient au Brésil, où le pape devait se rendre dans son prochain voyage. Comme c'était une manifestation catholique, il était normal qu'il y eût une quête. Il avait été demandé aux jeunes d'apporter deux francs, soit moins d'un euro de 2017. Il y eut bien quelques resquilleurs, puisque nous étions en France. Mais la somme recueillie couvrit les frais et au-delà. Aucune subvention ne nous avait été versée. Le diocèse de Paris avait envisagé, en cas de besoin, un maximum de cinquante mille francs. Les frais étaient faibles, puisque l'occupation du Parc était gratuite. La Ville avait seulement demandé, en plus des places à la tribune du pape, mille places dans les gradins : un mauvais esprit laissa les billets dans un tiroir, si bien que, sur les images, une travée fait un trou, noir.

Le dispositif était très simple. Pour ne pas abîmer la pelouse, l'accès en était interdit. Le centre était marqué par la croix et le puzzle, réparé dans la nuit. Sur les quatre côtés, le terrain était entouré par les Béatitudes. Le pape se trouverait sur une espèce de loge avancée, en surplomb sur les gradins : cent personnes y prendraient place, pour moitié la délégation romaine et d'autres gens d'Église, pour moitié les invités de la Ville. La visite d'État s'étant achevée le samedi à midi, le Président de la République avait demandé aux ministres de ne pas être présents. Le Maire, non plus, n'était pas présent : c'est dire que la rencontre du pape avec les jeunes était considérée comme un aimable divertissement, moins important que le film du dimanche soir.

Le pape avait passé l'après-midi au séminaire d'Issy-les-Moulineaux et avait rencontré les évêques de France. Il hâta le dîner et, brusquement, on apprit qu'il arrivait dans quelques minutes. C'est le moment que les techniciens choisirent pour je ne sais quelle manipulation électrique : plus de son, plus de musique. Le branchement fut rétabli à temps. Le cortège du pape roula si vite que le car des évêques ne put suivre : ils arrivèrent en retard. Ils manquèrent un des plus beaux moments de la soirée. Il était convenu avec les jeunes de chanter l'Alléluia de Taizé jusqu'à ce que le pape soit arrivé à la tribune. Ce fut le cas, bien que le pape ait pris un moment pour saluer d'abord un certain nombre de jeunes handicapés et qu'il ait fait, en voiture, la moitié du tour du stade. Alors, les applaudissements se donnèrent libre cours.

Déroulement

Le cardinal Marty prit la parole, avec beaucoup d'humour. Il était lui-même heureux d'être là. Alors commença la veillée avec des chants, les six lettres qui avaient été retenues, la constitution du puzzle, la proclamation des Béatitudes, une profession de foi, le Notre Père, puis la longue intervention du pape, elle-même entrecoupée d'applaudissements et d'interventions du pape pour ramener le calme. Le climat ne fut jamais hystérique. Sur la fin de son intervention, le pape évoqua, comme toujours, la Vierge Marie. Un groupe en profita pour manifester sa piété mariale, ou plutôt se manifester lui-même, en entonnant l'Ave Maria de Lourdes. L'incident n'eut pas l'importance qui lui fut prêtée. Le pape y a mis court : les uns disent, en faisant exprès de chanter faux (mais il paraît qu'il n'avait pas besoin de se forcer à cet égard) ; d'autres, en ayant l'air d'approuver (« c'est une très belle chanson ») et en recommandant l'apprentissage du latin.

Le temps passait. Le pape se trouvait bien avec les jeunes. Il raconta que, dans un premier temps, à Rome, « on a préparé un discours, un message solide ». Il demandait, d'ailleurs, aux organisateurs de diffuser ce discours préparé par les services romains. Puis, pour répondre aux questions des jeunes, il avait rédigé son propre texte. C'est ainsi que, pour la soirée avec les jeunes, il existe deux textes officiels.

L'ambiance des adieux fut « décontractée ». Les jeunes remirent au pape un sac contenant quelques-unes des cartes postales qu'ils avaient remplies pour qu'il les transmette aux jeunes Brésiliens qu'il allait rencontrer bientôt. Réponse du pape : « Alors, maintenant, j'ai bien compris qu'est-ce que ça veut dire pour vous le pape. Ça veut dire : un porteur de lettres. C'est joli ; c'est joli ; c'est joli. » Il reçut aussi une partie de la collecte des deux francs donnés par les jeunes : il était chargé de transmettre cet argent à une œuvre caritative d'un des pays où il s'était rendu auparavant. Pour lui-même, il recevait un modèle réduit du puzzle, avec ces mots : « Merci d'être venu nous écouter et d'être venu nous parler. »

Le pape plaisanta encore un moment sur l'heure tardive : « Ce sont les péchés de la jeunesse. On s'aperçoit qu'on est presque à minuit. » Il bénit et se retira discrètement tandis qu'une chorale chantait en polonais.

Commentaires

Les échos furent très favorables, notamment grâce à la télévision qui garda l'antenne jusqu'au bout, avec plus d'une heure de retard sur l'horaire prévu. Le taux d'audience avait été excellent et les commentaires, sympathiques. *Le Monde* avait envoyé un jeune journaliste qui n'était pas très au courant des affaires religieuses : il prit les frères de Taizé pour des séminaristes. Mais, à part cela, son article était très enthousiaste. Quelques jours plus tard, ce quotidien qui avait encore une grande influence dans les milieux catholiques se ravisa : le Parc des Princes était rempli de crypto-intégristes à qui les organisateurs avaient donné la priorité. Les autorités diocésaines me dissuadèrent de répondre.

Quelques jours plus tard, le pape commenta lui-même la rencontre du Parc en répondant à un journaliste de l'*Osservatore romano.* « Cette rencontre a été surprenante », dit-il. D'abord par le succès numérique. Mais aussi par la méthode suivie au long de la soirée : « Nous sommes restés sur le plan du dialogue », un « dialogue pittoresque fait non seulement de mots, mais de chants, de sentiments, d'enthousiasme... Avec les jeunes, il faut plaisanter. Mais il faut aussi être très sérieux, très exigeant. Eux-mêmes veulent qu'on soit exigeant avec eux... On doit savoir prendre du plaisir, se réjouir avec eux de leur jeunesse : de la grande promesse qu'ils représentent par le simple fait qu'ils sont jeunes. » Dans ses voyages suivants, le pape Jean Paul II, paraît-il, demandait toujours : « Préparez-moi un Parc des Princes. »

C'est Jean Paul II qui a mis les jeunes en première ligne

À part la structure qu'offrait le stade, tout le reste avait été artisanal : pas de budget, pas d'informatique, ni grands écrans ni effets spéciaux, pas de scénographie ou de spectacle sophistiqué, pas de vedette. L'organisation reposait sur quelques personnes, dont certaines venaient du Cep-Communautés chrétiennes universitaires, que je venais de quitter. À part la protection rapprochée du Saint-Père, la sécurité n'avait rien de tyrannique : la seule limite était que n'importe qui ne pouvait pas monter sur la tribune du pape. D'ailleurs, Mgr Marchinkus veillait. Avec nos moyens modernes, comme tout s'est compliqué !

L'ensemble du voyage a montré qu'un grand nombre de Français étaient attachés au pape. Cela s'est vérifié encore en 2008 autour du pape Benoît XVI, pourtant si décrié. La question aurait pu se poser pour les jeunes : les pronostics initiaux n'étaient guère optimistes. Ils étaient faux, même s'il ne faut pas extrapoler du Parc à l'ensemble de la jeunesse française.

D'où venaient les jeunes ? La Conférence épiscopale française avait rédigé un dossier de Presse, pour le voyage du pape. Une fiche était consacrée à la pastorale des jeunes : on y trouvait essentiellement les Mouvements d'Action Catholique. S'y ajoutaient les Mouvements éducatifs (Scouts de France, Guides de France, Fédération sportive et culturelle de France), le Mouvement

Eucharistique des Jeunes, les Jeunesses Mariales, les groupes jeunes du Secours catholique et de Saint-Vincent-de-Paul.

Sur les quatre pages de la fiche, trois lignes sont consacrées au reste : « Il ne faut pas oublier (*quand on écrit cela, ce n'est pas bon signe*) tous les jeunes rejoints par les diverses aumôneries scolaires ou étudiantes, reliées à l'épiscopat par le biais des Services nationaux. » Sont encore mentionnés, sans précision, les groupes de jeunes handicapés et des groupes de prière issus du mouvement charismatique. La photographie était déjà en décalage notoire avec la réalité.

La rencontre du pape avec les jeunes faisait partie du programme officiel. Mais, ni l'Église, ni les médias n'y prêtaient une grande attention. Je n'ai été invité, ni aux réunions d'État-major qui ont dû se tenir dans les semaines précédentes, ni aux remerciements du pape aux différents organisateurs, avant son départ de Paris. Heureusement, j'avais la confiance de Mgr Marcus et, indirectement, du cardinal Marty. Quant à la Presse, elle était obnubilée par la Messe du Bourget et le nombre de participants.

Quelques années plus tard, le pape Jean Paul II rassemblait des centaines de milliers de jeunes à Rome pour les Rameaux, puis lançait les Journées Mondiales de la Jeunesse. La première eut lieu à Buenos Aires, la ville natale du pape François.

Biographie

1950 Naissance à Châteauroux
1953 Tours
1955 La Roche-sur-Yon
1957 Angoulême
1958 Pontivy
1965 Nantes
1966 Séminaire de jeunes des Couëts (Bouguenais, Loire-Atlantique)
1971 La famille arrive en région parisienne
Séminaire d'Issy-les-Moulineaux (premier cycle)
1973 Paris IV Clignancourt (philosophie)
1975 Séminaire d'Issy-les-Moulineaux (second cycle)
1977 Ordonné diacre
1978 Ordonné prêtre
Vicaire à Saint-François-de-Sales
Aumônier du collège Ronsard
Aumônier fédéral JIC, jusqu'en 1992
1979 Participation au premier Frat de Jambville, puis aux Frat de 1981 et de 1983
1985 Responsable du Frat de Jambville, puis des Frat de 1987, 1989 et 1991
Vicaire à Saint-Éloi

Aumônier du lycée Arago, de plusieurs collèges et de l'institution Sainte-Clotilde

1989 Dans l'équipe diocésaine de l'aumônerie de l'enseignement public, pour les collèges

1990 Délégué du cardinal pour Initiatives jeunes
Vicaire à Saint-Vincent-de-Paul
Aumônier du lycée Lamartine

1991 JMJ de Czestochowa
Vicaire à Saint-Germain-des-Prés
Directeur adjoint puis directeur du Cep, directeur du Pèlerinage étudiant à Chartres jusqu'en 1998
Aumônier de Nanterre

1993 Délégué de l'Île-de-France au conseil régional de la Mission étudiante
JMJ de Denver

1995 JMJ de Manille

1997 JMJ de Paris
Recteur des Sanctuaires Notre-Dame de Lourdes

2003 Recteur de la cathédrale Notre-Dame de Paris
Responsable national de la Mission étudiante, jusqu'en 2006

2016 Chapelain à la basilique du Sacré-Cœur de Montmartre

Bibliographie

BAUDIN, Isabelle, *Ce Frat qui a traversé le siècle. 1908-1998.* Éditions du Cerf, Paris, 1998.

NIQUET, Karine, *Mémoire de Chartres. Le pèlerinage des étudiants, 1935-1995.* Coll. Foi vivante, n° 352, Éditions du Cerf, Paris, 1995.

DUBOIS, Bénédicte, *Les Journées mondiales de la jeunesse. 1987-1997.* Coll. Foi vivante, n° 381, Éditions du Cerf, Paris, 1996. Le livre a été publié durant la période préparatoire aux JMJ de Paris.

XIIes Journées mondiales de la jeunesse, Paris, 19-24 août 1997, Texte intégraux. Présentation de Mgr Louis-Marie Billé. Bayard Éditions/Centurion et Éditions du Cerf, Paris, 1997.

LENSEL, Denis, CORSINI, Élise, CHANTÉRAC (DE), Aude, BOULANGER, Marie-Sophie, *Génération JMJ.* Préface de Mgr Renato Boccardo. Fayard, Paris, 1997.

VAYNE, François, ROLLIER, Ariane, *Jean Paul II, les jeunes et les JMJ, entretiens avec Mgr Renato Boccardo,* Parole et Silence 2005.

Table des matières

Composition et mise en pages
Nord Compo à Villeneuve-d'Ascq

N° d'imprimeur : 905032
Achevé d'imprimer par Laballery en mai 2019
Dépôt légal : mai 2019

Imprimé en France